山西省高等学校人文社会科学重点研究基地项目资助（项目编号：2017334）
教育部人文社会科学研究一般项目资助（项目编号：19YJA630007）

创新政策、创新氛围与创新绩效

——基于宏观、中观与微观创新层面的研究

陈　红　张　玉　李广荣　刘东霞　著

·北京·

图书在版编目（CIP）数据

创新政策、创新氛围与创新绩效：基于宏观、中观与微观创新层面的研究 / 陈红等著. —北京：科学技术文献出版社，2019.11（2021.8重印）

ISBN 978-7-5189-6255-6

Ⅰ.①创… Ⅱ.①陈… Ⅲ.①行政干预—激励—作用—高技术企业—上市公司—研究—中国 Ⅳ.①F279.246

中国版本图书馆CIP数据核字（2019）第247536号

创新政策、创新氛围与创新绩效
—— 基于宏观、中观与微观创新层面的研究

策划编辑：周国臻　责任编辑：杨瑞萍　责任校对：张永霞　责任出版：张志平

出 版 者	科学技术文献出版社
地　　址	北京市复兴路15号　邮编 100038
编 务 部	（010）58882938，58882087（传真）
发 行 部	（010）58882868，58882870（传真）
邮 购 部	（010）58882873
官方网址	www.stdp.com.cn
发 行 者	科学技术文献出版社发行　全国各地新华书店经销
印 刷 者	北京虎彩文化传播有限公司
版　　次	2019年11月第1版　2021年8月第2次印刷
开　　本	710×1000　1/16
字　　数	177千
印　　张	10.5
书　　号	ISBN 978-7-5189-6255-6
定　　价	48.00元

版权所有　违法必究

购买本社图书，凡字迹不清、缺页、倒页、脱页者，本社发行部负责调换

前 言

构建创新型国家是我国的重要战略之一。企业是创新的主体,企业创新是实现国家经济稳固增长和转变经济发展方式的着力点。提升企业创新能力和创新绩效,是政府宏观政策的着力点,也是创新型企业的终极追求。政府宏观激励政策能否切实影响企业绩效,不同成长阶段的行业对激励政策的响应如何,企业面临的环境变化是否对企业绩效产生影响,都是亟待研究的问题。在移动互联背景下,即时通信工具成为一种便捷、易操作且时效性强的社交媒介,已被人们在各种场所中广泛使用,尤其是在职业场所中用来完成协同工作。沟通手段的变化对组织绩效造成怎样的影响呢?这是企业微观运作机制层面亟待研究和解决的问题。

本书分为上、中、下3篇。上篇借助2013—2016年高新技术产业领域的6108家上市公司的专利数据与财务数据,运用主成分分析法与多元回归分析法,从宏观层面探讨政府补助与税收优惠等政府激励对于不同生命周期阶段企业财务绩效与创新绩效的作用。研究得到:①不断提高政府补助的额度,能够有效保障创新活动的顺利展开,降低研发创新成本,有利于提升企业创新绩效和财务绩效;②税收优惠能够降低企业未来现金流的不确定性,打消企业对创新风险的顾忌,有助于企业创新绩效和财务绩效的增长;③企业生命周期能有效调节政府补助与企业财务绩效间的关系,且相较于成熟期企业,政府补助对成长期企业财务绩效的促进作用更明显;④税收优惠政策对于盈利能力较强的成熟期企业的财务与创新绩效的激励作用均高于对于盈利能力较弱的成长期企业的激励作用。在此基础上,提出了相关的政策建议:转变单一的政府直接补助方式;构建按生命周期阶段选择最优补贴时机的管理机制;多税种优惠相结合,提升税收优惠政策的精准度。

中篇从行业中观的视角入手，借助万得资讯数据库，获得2012—2014年制造业和服务业475家上市公司样本数据，运用多元回归分析方法，分行业讨论政府补助和税收优惠对不同生命周期阶段企业开发性创新绩效和探索性创新绩效的激励效果，并分析不同行业激励效果差异的原因。研究得到：①政府补助、税收优惠对企业的开发性、探索性创新绩效有激励作用，且对企业开发性创新绩效的激励作用高于探索性创新绩效；②政府补助、税收优惠对不同生命周期阶段制造业、服务业企业的创新绩效激励效果不同，特别地，政府补助更有利于激励制造业与服务业成长期企业的开发性创新活动，以及制造业成熟期企业的探索性创新活动，税收优惠更适用于支持制造业成熟期企业的开发性与探索性创新活动。据此提出了相关的政策建议：应建立政府激励对象的退出与补充机制；根据企业发展所处的生命周期阶段，区别使用政府激励；政府激励政策应当不仅针对物质资本，更应加强针对人力资本的激励。

下篇聚焦微观创新主体的内部管理活动，从组织沟通方式转变入手，研究即时通信工具使用对强、弱连接变化的影响，以及进一步引致的员工间沟通效率和效果的差异，是否会最终影响组织绩效。借助问卷调查的方法获得22个省、4个自治区共计925个样本数据，运用偏最小二乘法进行结构方程分析，研究即时通信（IM）工具的使用影响组织绩效的作用机制，探讨强、弱连接与组织沟通效果在其中的多重中介作用。研究得到：①IM的使用可以增强员工的强连接关系，使员工的弱连接关系变得更加紧密，增加员工弱连接的数量。②强连接增强通过组织沟通的正式组织沟通效果和非正式组织沟通效果的中介作用对组织绩效产生影响，强连接增强对正式组织沟通效果的正向作用高于对非正式组织沟通效果的正向作用；弱连接紧密不仅可以直接正向影响组织绩效，而且可以通过正向影响组织沟通的正式组织沟通效果和非正式组织沟通效果，进而对组织绩效产生影响；弱连接增加不仅可以直接正向影响组织绩效，而且可以通过正向影响非正式组织沟通效果对组织绩效产生影响，其中，弱连接紧密对组织绩效的正向作用最大。③正式组织沟通效果和非正式组织沟通效果均对组织绩效产生直接的正向影响，且非正式组织沟通效果对组织绩效的作用高于正式组织沟通效果的作用。在此基础上，提出提升组织绩效的建议：①高层管理者应利用IM平台，积极建立中高层管理者间联系，突出主题和重要信息，控制组织信息的过渡流动，提升信息主题的凝聚度，积极促进员工建立工作群，并且鼓励员工在 IM 平台上为部门外的同事分享信息或结成工作伙伴；②中基层管理者可以利用 IM 积极促进部门外、项目间的信息交流，在部门间建立专业性的联系，促进员工间形成信任、协同合作、凝聚共识和分享知识的积极氛围，增强组织沟通效果；③基层员工可充分利用 IM 便捷性的特点，将有工作联系的员工加为通讯录好友，实现信息的无结点流动与无噪声传递，提高员工所需工作信息的准确性和时效性。

  本书撰写过程中，研究团队一方面深入实际调研访谈，掌握一手资料；另一方面与国内外专家学者研讨交流，加强知识交互和思维碰撞。团队成员经多次研讨形成本书架构。

  本书在撰写过程中受到山西省教育厅、山西省科技厅等单位领导的大力支持与帮助，在此表示衷心感谢！调研访谈过程中得到了企业界许多朋友的热心帮助，在此特别感谢！在研究过程中，赵振霞、张莹、丁飞等同学也提供了热心支持，一并感谢！由于作者水平有限，书中难免存在疏漏和不足，恳请专家和读者批评指正！

目录 CONTENTS

上篇　政府激励、生命周期与企业绩效

1 绪　论 ·· 3
　1.1　研究背景及意义 ·· 3
　1.2　相关研究综述 ·· 4
　1.3　研究框架与方法 ·· 8

2 理论基础 ·· 11
　2.1　技术创新理论 ·· 11
　2.2　信号传递与信息不对称理论 ···································· 12
　2.3　权变理论 ··· 12
　2.4　企业生命周期理论 ··· 13

3 政府激励、生命周期与企业绩效的关系模型 ················· 15
　3.1　相关概念界定 ·· 15
　3.2　理论模型构建 ·· 17
　3.3　变量度量 ··· 22
　3.4　本章小结 ··· 32

4 样本选取与数据获取 ·· 33
　4.1　样本来源及数据获取 ··· 33

4.2 变量描述性统计分析与相关性分析 …………………………… 34
4.3 本章小结 …………………………………………………………… 37

5 政府激励、生命周期与企业绩效的实证研究 ………………………… 39
5.1 模型构建 …………………………………………………………… 39
5.2 假设检验 …………………………………………………………… 40
5.3 研究结果及分析 …………………………………………………… 43
5.4 本章小结 …………………………………………………………… 44

6 研究结论与政策建议 …………………………………………………… 45
6.1 研究结论 …………………………………………………………… 45
6.2 政策建议 …………………………………………………………… 46
6.3 研究展望 …………………………………………………………… 49

中篇 政府激励、生命周期与创新绩效——行业类型差异

7 绪 论 …………………………………………………………………… 53
7.1 研究背景及意义 …………………………………………………… 53
7.2 相关研究综述 ……………………………………………………… 54

8 研究假设与概念模型 …………………………………………………… 56
8.1 研究假设 …………………………………………………………… 56
8.2 概念模型 …………………………………………………………… 59

9 研究设计 ………………………………………………………………… 60
9.1 研究样本的选取 …………………………………………………… 60
9.2 变量界定与测量 …………………………………………………… 61
9.3 模型设计 …………………………………………………………… 62

10 实证结果分析 ………………………………………………………… 64
10.1 描述性统计分析 ………………………………………………… 64
10.2 相关性分析 ……………………………………………………… 66

  10.3 回归结果分析 ··· 67
  10.4 制造业与服务业回归结果异同分析 ················· 71

11 各细分行业的进一步讨论 ·································· 74
  11.1 各细分行业的基本统计特征 ·························· 74
  11.2 各细分行业回归结果差异分析 ······················· 77

12 稳健性检验及研究结论 ······································ 88
  12.1 模型的稳健性检验 ······································ 88
  12.2 研究结论 ··· 90
  12.3 研究启示 ··· 92

下篇 即时通信工具使用对组织绩效的影响
——基于强、弱连接与组织沟通效果的多重中介作用

13 绪 论 ·· 97
  13.1 研究背景和意义 ··· 97
  13.2 文献综述 ··· 99
  13.3 研究内容和方法 ·· 103

14 理论基础 ·· 106
  14.1 社会网络理论 ··· 106
  14.2 组织沟通理论 ··· 107

15 研究假设与模型构建 ······································· 109
  15.1 相关概念界定 ··· 109
  15.2 研究假设的提出 ·· 110
  15.3 概念模型的构建 ·· 116
  15.4 本章小结 ··· 117

16 研究设计与数据收集 ······································· 118
  16.1 问卷设计 ··· 118

16.2　变量设计 ………………………………………… 118
　　16.3　问卷发放与数据收集 …………………………… 122
　　16.4　本章小结 ………………………………………… 124

17　实证分析与假设检验 …………………………………… 125
　　17.1　信度与效度分析 ………………………………… 125
　　17.2　模型假设检验 …………………………………… 129
　　17.3　中介效应分析 …………………………………… 131
　　17.4　实证研究结果 …………………………………… 133
　　17.5　本章小结 ………………………………………… 135

18　研究结论与讨论 ………………………………………… 136
　　18.1　研究结论与管理启示 …………………………… 136
　　18.2　研究展望 ………………………………………… 139

附录：即时通信（IM）工具使用对组织绩效的影响调查问卷 …………… 140

参考文献 ……………………………………………………… 143

上篇　政府激励、生命周期与企业绩效

1 绪　　论

1.1　研究背景及意义

《世界经济展望报告》提出，当前全球经济复苏乏力，各经济体增长速度虽处于不断回升状态，但发展却并不均衡，增速之所以放缓主要是由于周期性和结构性力量。专家学者认为，国家需要采取对策，合理调整国民经济结构，带领国家经济走出逆境[1-2]。在日趋激烈的竞争环境下，要实现国家经济平稳增长、转变经济发展格局的目标，离不开国家创新战略的实施和推进[3]。当前，企业创新已发展为带动经济增长的关键动力，有效推动了我国企业在国际市场中占据主导地位，引导了我国未来经济的发展趋势和产业的转型升级。因此，如何支持和推进企业创新已逐步成为当前政府部门、企业及全社会关注的热点问题。

高新技术产业正逐渐成为我国经济新常态中的支柱性产业。从国家统计局数据可以看出，自2016年上半年以来，以高新技术为基础的新兴产业增速已突破10%，平均每天有1.4万家新企业注册，相较2015年有所提升，并远超于传统行业的增长速度[4]。2017年前三季度，高新技术产业持续保持较高水平增长，成为稳定经济增长的中坚力量[5]。从企业角度来看，这种快速增长的趋势还将延续，新经济成长势头良好，新驱动力将继续推动经济增长。

政府是企业外部网络中影响力最大、最复杂且企业最难以预测的重要组成成分，其与企业间的关系对企业生产和经营活动有着重要影响。各国均对创新活动十分重视，并积极制定宏观政策和发展战略，落实企业创新发展。与此同时，政府政策能够有效提高企业经营效益、提升企业增长率、刺激创新研发支出，进而提升企业利润率，增加企业投资额，带动地区和国家的经济发展[6]。作为目前全球最大的经济体，我国十分重视企业在经济发展过程中的主导地位，制定了大量有利于企业发展的政策措施。政府的"有形之手"利用各种政策工具对企业活动进行了干预，其中政府补助和税收优惠是最常用的两种激励手段。

关于政策激励对企业绩效的影响，以及不同生命周期阶段政府激励对企业绩效的差异性研究，中外学者已从不同角度对此做了较多探讨。在以往针对企业绩效的研究中，学者们对企业绩效的评价标准众多，方法和研究范围各异，得出的结论不易对比，甚至存在方向性差异。在经济环境高速变化的今天，不少结论已不适合现代发展。此外，在已有研究中，极少有学者将企业生命周期考虑到政府激励与企业绩效的关系间。本研究将企业绩效分为创新绩效和财务绩效，主要探讨政府激励中的两大激励政策：政府补助和税收优惠。同时，将企业生命周期作为调节变量，讨论生命周期在政府激励与企业绩效关系间的调节作用，并探究两种政策工具对不同生命周期阶段企业绩效影响的差异，丰富了政府激励、企业生命周期与企业绩效间关系的研究。

本研究的现实意义主要体现在：①政府逐步增强对企业的资金补助和税收优惠力度，以期提高营业能力和创新研发水平，保证企业能够长久发展下去。但在实际情况中，政府补助和税收优惠是否起到有效激励作用，值得进一步研究。②以企业生命周期理论为基础，本研究采取现金流特征组合法对样本企业按阶段划分[7]。企业处于不同生命周期阶段下特征会有所变化，激励政策对拥有不同特征企业的绩效影响也会相应改变。不同于以往将企业看作某一特定状况下的研究，本研究对企业进行动态讨论，结合企业具体特征和现实发展情况，研究不同政府激励对企业绩效影响的不同。根据不同的激励效果提出相应的政策建议，深化提高政策执行效果，力争达到事半功倍的效果。③本研究的研究对象是我国高新技术产业中的上市公司。根据我国的发展战略和发展重心，政府对不同行业的扶持力度是不同的。同时，由于不同行业有着自己的行业特征，政府补助和税收优惠在不同行业中实行效果也会不同。因此，本研究将研究对象集中在高新技术产业上市公司，并以产业特征为出发点，论述高新技术产业的现状问题。

1.2 相关研究综述

关于政府补助和税收优惠的研究始于20世纪80年代，研究发现政府补助和税收优惠在经济调控中至关重要，政府运用这些政策积极干预经济，有利于企业发展和宏观经济的合理调控[8-9]。基于此，之后国内外学者们从不同角度讨论了政府补助与税收优惠对企业的影响。

由于市场机制的不完善，在某些情况下，如提供公共产品、促进科技进步、促进农业发展等方面，市场这只无形的手并不能有效发挥其作用，此时需要政府干预经济，纠正市场偏差。为此，我国推出相关激励政策来刺激企业绩效增长。政府补助和税收优惠对企业资源有重新配置的作用，企业可以将获得的政府补助用于研发以提高企业创新能力，也可以用于扩大产品生产等来增长企业利润；与此同时，较低的税负可以促进企业的专利发明和新产品研发，刺激并吸引企业内外部投资，进一步推动企业的可持续发展[10]。两种不同的财政激励手段对企业绩效的影响存在显著差异[11-12]。

关于政府补助和税收优惠的研究和讨论正逐步升温。回顾之前国内外相关文献，梳理政府激励与企业绩效间关系的有关内容，具体包括如下几个方面的研究。

1.2.1 政府激励对企业创新绩效的影响

（1）政府补助对企业创新绩效的影响

关于政府补助与企业创新绩效关系的研究，主要观点分为两种。一种观点认为，增大政府补助力度有利于企业创新绩效的增长。现有的研究包括：崔静静等[13]对企业创新的出现及影响创新绩效的因素展开了分析，研究认为知识资源的外部性要求政府通过补助政策扶持企业创新，刺激新产品的产出等。徐利飞[14]对獐子岛公司进行案例分析，分析结果表示政府补助中有相当一部分是政府为了支持企业进行创新而发放的，对鼓励企业增加研发投入有积极影响。Arrow[15]认为，政府补助对减少企业创新风险、鼓励企业加入市场竞争有促进作用，有利于企业新产品的不断出现。Czarnitzki等[16]通过研究进一步发现，政府补助程度与企业专利产出数成正比。刘磊等[17]研究了创业板上市公司技术创新与政府补助间的关系，发现政府补助显著正向影响企业新产品的销售收入。

另一种观点提出，政府补助对企业研发投入有"挤出效应"。其中，孙维章[18]发现政府补助不利于促进企业现阶段研发投入的增长，对企业创新有负面影响。张彩江[19]针对创新上市公司研究，认为适当程度的政府补助对企业研发投资有激励作用，但过多的政府补助会挤出企业用于研发投资的资金，无法发挥刺激企业创新的作用。李万福[20]研究发现，政府直接给予企业的创新补助每增加1单位，带来的R&D投资增量显著小于1，企业自主创新投资随政府创新补助的增加不断减少。总的来说，创新补助未能有效地鼓励企业自发开展创新活动。由于企业内部的"挤出效应"，且研发投入和创新绩效间有着显著正相关关系[21-22]，企业缺乏研发投入会造成企业创新绩效的下降。由此，可以认为政府补助不利于企业创新绩效的增长。在直接讨论政府补助对企业创新绩效的研究中，Yang等[23]针对湖北省企业运用多元线性回归法，研究政府补助与创新绩效的关系后，发现政府补助与企业创新绩效呈负相关关系。

(2) 税收优惠对企业创新绩效的影响

关于税收优惠，张新[24]的研究发现，税收减免在最大限度内增强了税收制度对企业创新的激励效果。周海涛[12]以广东省高新技术企业为研究样本，实证分析政府补助和税收优惠政策对企业创新绩效造成的不同影响，研究认为税收优惠有效促进了企业创新绩效的增长。Xu[25]对2002—2008年中国高新技术产业园区展开调查，调查结果显示，税收优惠通过减轻企业研发机构的费用来提高企业的创新绩效。许多学者基于实证数据，对所得税减免与企业研发投入间关系展开了讨论，多数研究认为税收的减免确实激励了企业研发投入的增加[26]。李维安等[27]也将高新技术企业作为研究样本，却得出税收优惠对企业创新绩效增长未发挥作用的结论。郑春美等[28]也发现，税收优惠不仅无法激励企业创新绩效的增长，还有可能产生负面影响。蒋选[29]通过对省级面板数据的分析，得出我国目前实行的研发税收优惠政策与创新绩效之间不存在相关性的结论。

1.2.2 政府激励对企业财务绩效的影响

(1) 政府补助对企业财务绩效的影响

关于企业财务绩效，Lee[30]以韩国制造业为例，发现政府补助政策并未发挥促进整个企业利润增长的作用。陈影[31]通过研究电子业和生物制药业上市公司，得出政府补助对企业财务绩效增长无明显激励效果，仅提升了社会绩效水平。但在Zhang和Li等[32]研究中，不管是长期还是短期政府补助，均对企业财务绩效增长有积极影响。章新蓉[33]同样从长期和短期影响两个方面对我国2007—2014年高新技术上市公司进行分析，研究认为政府补助短期内有利于直接提升企业财务绩效，长期内通过指导企业开展创新研发活动来增强竞争力，间接提高企业经济绩效。

(2) 税收优惠对企业财务绩效的影响

冯发贵[11]根据我国31个省、市、自治区的数据，对产业政策实施过程中财政补贴和税收优惠的作用与效果进行实证分析，研究认为税收优惠政策会给企业产品带来收入效应与替代效应，使得产品相对价格降低、消费者实际收入提高，对消费需求起到了刺激作用，进而促进了企业财务绩效的增长。向景[6]利用我国2000—2014年上市公司数据，选取创新、增长和效应3个部分绩效指标，讨论减税对我国企业绩效的影响情况，研究发现企业所得税税负的降低有利于企业增长率、研发支持和专利申请数的有效增长。崔宝玉[34]在界定农业龙头企业异质性的基础之上，运用因子法将企业财务绩效、税收绩效、社会绩效与综合绩效分离出来，分别评估了政府补助对上述 4 种绩效的影响。研究表明，政府财税支持对企业创新绩效和财务绩效均有明显的激励作用，税收支持能够有效提升企业的核心竞争能力。

1.2.3 不同生命周期阶段政府激励对企业绩效的影响

不同生命周期阶段企业的经营特征和融资结构有着明显的区别，对资本的需求也存在较大的差异。以往研究中已有学者注意到政府补助和税收优惠的阶段性特征，以及对企业绩效带来的不同影响。

对不同生命周期阶段的企业，政府激励政策的作用效果也不同。高松等[35]对上海市不同生命周期阶段科技型中小企业的政府资助效用进行测度，研究政府补助是否对不同阶段企业的资助效果存在差异。结论显示，政府补助对成长期和成熟期企业创新绩效的激励效果最明显。在对高新技术企业的研究中，王一舒[36]通过问卷调查的方式，将吸收能力和企业生命周期作为税收激励与创新绩效关系间的调节变量。研究发现，政府补助有利于企业初创期和成长期的创新绩效，税收优惠有利于企业全生命阶段创新绩效的提升，尤其是成熟期企业。在周海涛[37]的研究中，政府补助和税收优惠为企业创新绩效的增长提供了助力，且两种政策均对成熟期企业激励效果最好。

当前我国税收优惠政策中企业所得税优惠是使用最多的创新激励税种，创新活动具备投入较大、风险性高、耗时久等特点，处在初创阶段的大多数企业进行创新研发时，生产经营利润微乎其微，甚至会出现亏损的情况，导致企业无法享受所得税优惠带来的益处[38]。然而，当企业的创新研发成果能够带来一些经济效益时，往往已过了政策优惠期，这在一定程度上限制了政策发挥的有效性，致使政策的预计目标无法实现。周霞[39]讨论了在收到政府补助后，上市公司企业绩效和社会绩效的增长，研究肯定了补助为不同生命周期阶段企业带来不同经济绩效这一观点。其中，对成长期企业经济绩效和持续发展能力影响最为显著，但对成熟期企业的实力提升收效甚微。

1.2.4 研究述评

国内外学者采用不同的研究方法，从不同角度分析了政府补助和税收优惠与企业创新绩效和财务绩效间存在的关系。大部分学者只单独讨论了政府补助或税收优惠给企业带来的影响，少有将两者同时讨论且对比两种政策工具效用的研究。

在关于企业绩效的讨论中，多数学者将企业财务绩效直接反映为企业绩效，但企业绩效不仅仅是经营利润的增加、营业能力的提高等，应该从企业多方面综合衡量。因此，本研究同时考虑政府补助和税收优惠，并讨论两种激励政策对企业绩效作用机制的不同点，将企业绩效从财务绩效和创新绩效多方面、多角度衡量，以此获得对企业绩效更为综合全面的考虑。

在之前的研究中很少有学者将企业生命周期放入政府激励与企业绩效间考虑，对企业按阶段和分情况的讨论，得出结论的针对性不足。虽然有个别学者加入企业生命周期展开讨论，但已有研究并未得出统一结论。主要原因有：第一，学者们对衡量变量的指标选择不同；第二，研究样本的选取因国家、行业和范围的不同差别较大，导致结论的精确性、时效性和行业针对性不足。为克服以上问题，本研究将企业绩效分别按企业创新绩效与企业财务绩效两个部分讨论，构建企业绩效指标衡量体系，考察企业生命周期在政府激励与企业绩效关系间的调节作用。

1.3 研究框架与方法

1.3.1 研究框架

本研究主要依照的研究思路是"文献综述—理论分析—研究设计—实证分析—结论展望"，首先梳理了相关理论并提出问题，之后做出假设分析问题，最后通过实证分析解决问题，如图1.1所示。

首先研究国内外涉及政府激励、企业绩效及企业生命周期间关系的文章，总结已有研究的优缺点，吸取经验，弥补不足；紧接着界定本研究中提到的变量，如政府补助、税收优惠、创新绩效等，并详细阐述了应用的相关理论；然后在文献分析和理论研究基础上对政府激励政策效用做出假设，并进一步展开研究设计，依照假设内容构建适当的回归模型，选取能准确度量的相关变量构建指标体系，筛选样本企业；最后运用实证分析法对高新技术产业的上市公司展开研究，将企业绩效作为被解释变量，政府激励政策为解释变量，企业生命周期为调节变量，企业规模、企业年龄和所有权性质等为控制变量，进行多元回归分析，检验不同生命周期下政府激励对企业绩效的影响情况，并利用结论给出相关政策建议。

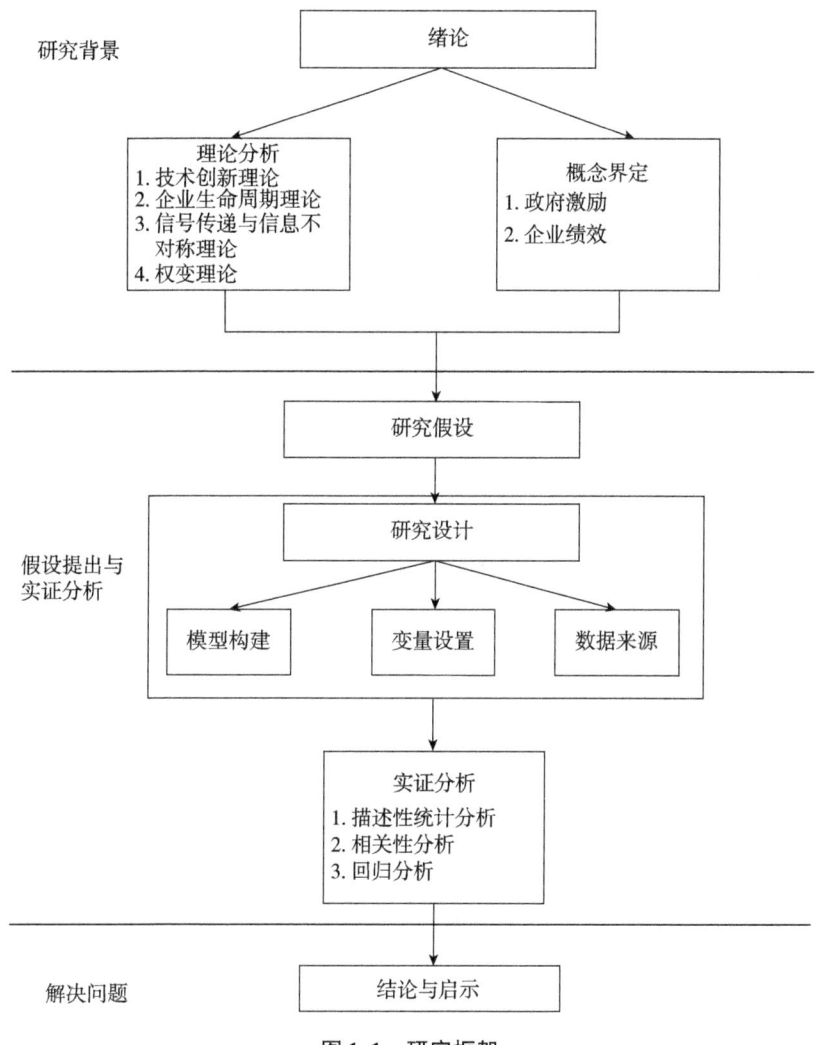

图1.1 研究框架

1.3.2 研究方法

本研究主要应用的研究方法包括：文献分析法、定性分析与定量分析法及统计分析法。方法的具体内容及应用如下所示。

（1）文献分析法

在整个研究过程中，文献分析作为最基本的研究方法之一为全文提供了可靠的理论依据。在对国内外研究进行分类整理后，总结出相关理论与模型，并在此基础之上，提出了具体的概念模型，确定了变量的度量指标，为研究的顺利进行奠定了重要基础。

(2) 定性分析与定量分析法

对已有文献展开研究,并结合相关理论分析后提出假设。而后对我国高新技术产业的上市企业进行定量分析,计算出被解释变量和解释变量的相关指标体系,定量研究各变量间的相关关系。

(3) 统计分析法

本研究数据的分析与处理,使用了专业统计分析软件 SPSS22.0 和 Eviews,对数据进行整理、统计分析与回归等操作,依次进行了描述性统计分析、Pearson 相关性检验和多元线性回归分析来检验假设,阐述和分析研究结果后,总结出研究结论并提出政策建议。

2 理论基础

2.1 技术创新理论

熊彼特[40]对技术创新思想系统思考后,首次提出了创新概念,并将技术创新理论化,对创新的重要地位予以充分肯定。之后涌现出的研究者们均以"创新"为基础,丰富了创新的理论内容,技术创新理论四大学派由此逐渐形成,主要包括:新古典学派、新熊彼特学派、制度创新学派和国家创新系统学派[41]。四大学派从自身研究角度出发,不断丰富和完善技术创新的概念,以求理论能够更加贴合现实情境,更好地发挥出理论指导作用。

(1) 新古典学派

索洛重新整合了技术创新的概念,提出创新过程分为两步的主张[42]。第一步是新思想的产生,生产过程中新思想的不断涌现是之后创新活动的坚实基础;第二步是实践,新思想出现后要尽可能利用现有条件将想法付诸行动。新古典学派继续沿用了正统经济理论模型,在讨论技术创新理论时,该学派认为经济的增长依赖于增长效应与水平效应的相互作用。同时,该学派还考虑了政府部门在创新过程中的作用,很大程度上推动了技术创新理论的发展。

(2) 新熊彼特学派

曼斯菲尔德、卡曼和施瓦茨是新熊彼特学派的关键代表性人物[43]。该学派认为技术创新是经济增长的核心要素,而非内生变量,重点研究市场结构对创新的影响。研究发现保持适度的竞争能够最大限度地刺激企业技术创新,这一观点的提出填补了创新与模仿关系间的空缺。与之前学者只重视对创新理论概念界定相比,新熊彼特学派更强调研究企业内部创新的运作原理,不断深化和丰富理论。

(3) 制度创新学派

戴维斯和诺斯是制度创新学派众多学者中的杰出代表,二人将制度理论与技术创新理论相糅合,诞生了制度创新理论。该学派认为促进经济增长不仅仅依赖于技术创新，同时要具体考虑企业所处的制度环境[44]。只要在有效保护企业个人专有权和加强对企业个人收益率提升的制度环境里，技术创新才能够更好地刺激经济飞速发展。

(4) 国家创新系统学派

弗里曼和纳尔逊是研究国家创新系统学派的主要学者，这一学派最大的特点和贡献是用系统的思维模式探究技术创新理论，扩宽了理论的研究方向，丰富了理论的多样性。该学派不仅将企业这一单一的市场主体作为研究对象，同时加入了政府部门、科研院所等在内的其他讨论对象[44]。而且国家创新系统学派在研究各个市场主体时，不单是孤立地讨论单个研究对象，而是更加强调了主体间相互作用的研究。

2.2 信号传递与信息不对称理论

信号传递理论认为，企业内部和市场信息具备完全信息是市场有效运作的基础[45]，市场低效率的主要原因在于信息的不完全性。为获取相应信息内容所付出的成本叫作信息成本，但信息作为一种特殊商品，由于购买者不能有效得知信息的具体内容，无法准确判断对信息的需求，信息价值会随内容的公开而逐渐消失，因此信息成本是非常难控制的。

信息不对称理论是由于市场各主体交易活动间存在的信息不对称性而导致的，这种现象出现的原因有多种可能，有可能是因为内幕消息，也有可能是因为掌握过多消息会影响企业成本等原因，这些理由都会导致双方消息的不对称[46]。而信息的不对称会使市场效率下降的情况越来越严重。当经济运行到某一阶段时，人们逐渐将投资放在首要地位，导致越来越多的企业对资本的需求增加[47]。国家出台了多种融资平台准则来解决供需矛盾，保障资源最优配置。但由于金融市场融资条件较为苛刻，无法满足所有公司在市场内获得融资的要求。资金放贷方不能准确掌握需求方的信息，担心因信息不对称造成的违约风险，因而增加了企业在市场中获取资金的难度。特别是高新技术产业的资金需求大、高风险性的特征，加大了在市场上的融资难度，必须通过其他渠道向企业注入资金。因此，国家在战略层面上考虑建立政府补助机制是非常重要的。

2.3 权变理论

权变理论认为组织是由多个互相关联、互相影响的子系统构建起的复杂整体，组织系统是理性的且目的性明确,因此组织的作用体现在管理企业时帮助企业详尽有效地实行战略[48]。权变理论将组织看作是一个动态调整的过程,内外部环境的变化都会导致组织发生变化,因此组织一直处于不断修正的过程中[49]。权变因素和组织之间的动态变化过程和相互适应的程度会影响企业绩效,如果权变因素和组织能够更好地相互适应,则组织绩效有望提高,相反,企业组织绩效可能遭受消极影响。因此,组织绩效的好坏可以作为评价组织是否成功的标准。

不同发展阶段的企业有着不同的背景环境和条件,管理企业时应结合企业的现实情况选择不同的管理手段与方法,即便对同一企业也不可能存在一成不变的管理措施。企业创新作为企业战略管理体系中的重要组成部分,属于其中一个子系统,企业研发创新程度随企业内外部环境的变化而不断变化。在讨论创新如何影响企业绩效的过程中,应结合企业所处的内外部环境,其中,政府的激励政策是影响企业绩效的重要外部因素之一。

2.4 企业生命周期理论

2.4.1 企业生命周期理论的内容

目前,企业已成为社会发展中非常重要的经济实体之一。与生物体相似,每个企业都有属于自己的生命周期,并有一定的规律可言。通常企业会经历从诞生、成长、发展、衰退直至消亡的整个生命过程,就像生物体在每个成长阶段会出现不同的特征一样,不同阶段的企业也都会有属于自己的鲜明特点[50],这一观点的提出对研究企业管理有着非同寻常的意义。

企业生命周期概念是由著名学者 Haire 首次提出并开始从这一角度进行企业行为的研究[51],他发现企业和生物体一样有着周期性的成长曲线。在此基础之上,Greiner[52]和 Kimberly[53]对企业的生命周期进一步分析发现,企业都是由相互联结的生命阶段构成的,旧阶段的消失伴随着新阶段的诞生,以此形成一个发展周期。美国学者伊查克·艾迪思基于前人的理论基础,构建了企业生命周期模型,将企业从创立、成长、成熟和衰退 4 个阶段考虑,通过相关指标将企业细化为 10 个阶段期,为之后学者的研究打下了夯实的基础。迄今为止,学者们还在不断跟进社会发展的节奏,不断地丰富和更新企业生命周期理论知识,目前已研究出的模型达 30 多种。

企业生命周期理论将企业视作生命体,从生命特征角度出发,动态分析企业所处的各个生命周期阶段,揭示企业从成长直到老化的普遍生命规律[54],企业健全并持续地发展需要通过分析阶段性特征来实现。但企业生命周期和生命体循环过程不是完全一致的,在实际环境中,企业生命周期阶段会因外部环境的变化而发生改变,因此,有必要研究企业外部环境对不同生命周期企业发展的影响。

2.4.2 不同生命周期阶段企业的特征

(1) 初创期企业的特征

初创期企业成立时间较短,各类生产要素短缺,组织内部结构单一化,还处于对生产经营逐步探索的阶段,缺乏保障企业发展的管理制度,管理水平不高,抵挡内外部风险的能力较弱。企业在市场竞争中地位缺失,在金融市场上信用较低,外部获取资金的渠道较少[55]。同时,鉴于企业刚起步,产品种类较少,还未能给企业带来较高利润,内部融资仍需要一定的积累过程。外部环境对初创期企业影响较大,该阶段企业更依赖于政府部门的扶持,若外部环境发生逆转又未能得到政府扶持,企业有可能面临破产的危机。

(2) 成长期企业的特征

当企业逐渐步入成长期时,表明已渡过企业发展最危险的阶段,管理者在适应了本企业的文化后慢慢掌握了管理企业的有效方法,管理手段更加成熟规范,企业的技术能力也有了大幅提升。生产的产品渐渐拥有市场认可度,生产规模和市场份额不断攀升,与初创期相比,企业资本获取渠道增加,实力有了显著提升。该阶段的企业在整个生命周期中成长性最好,是发展速度最快的时期。

(3) 成熟期企业的特征

成熟期企业规模和整体收益达到最大值,但发展速度开始逐渐走低,销售收入增长率也出现低于成长期企业的情况。而且成熟阶段的企业拥有较高的市场占有率和较稳固的市场地位,相较于成长期企业,筹资能力和管理能力也逐步增强,企业充裕的资金为多元化发展打下了坚实的经济基础[56]。同时,这一阶段企业在市场中的垄断地位和较高的市场份额也带来了充足的资金,保障企业受到较小的外界压力,但容易导致企业整体缺乏创新动力。

(4) 衰退期企业的特征

衰退期企业由于无法跟上技术变革的脚步,产品在市场中遭到冷遇,出现市场份额逐渐萎缩、经营利润不断下滑、营运能力较差等问题,导致企业难以再与其他生产竞争者相互抗争,以维持原先的市场地位[35]。

3 政府激励、生命周期与企业绩效的关系模型

作为影响企业绩效的重要外部因素,政府利用财政激励政策影响了企业绩效的发展方向。目前,我国主要的激励手段包括政府补助和税收优惠两种,同时企业绩效主要从财务绩效和创新绩效两个部分反映。不同生命周期下企业表现出不同的特征状态,导致政府对企业绩效的作用也会有所不同。因此,本研究在提出政府激励、企业生命周期和企业绩效相关概念后,通过相关理论构建了三者间的关系模型,并提出各个变量的衡量方法。

3.1 相关概念界定

3.1.1 政府激励

国家提升国际竞争力、实现可持续发展的重要方法是促进企业发展[57],而企业发展需要自身努力与政策扶持的相结合。我国出台了许多财税政策激励企业展开创新活动,其中最为常见的政策是政府补助和税收优惠两种[58]。

(1) 政府补助

我国《企业会计准则第 16 号——政府补助》中明确了政府补助的概念及相应的规范措施,为政府补助的确认和计量提供了依据。准则内容包括:政府无偿向企业提供的货币性资产或非货币性资产均属于政府补助范围,但不包括政府作为企业所有者的资产投入。其中,政府补助属于货币性资产的,应当按照企业所收或应收金额计量;补助属于非货币性资产的部分应按公允价值计量。按照《政府会计准则》,可将政府补助分为政府补助利得、政府奖励、政府补贴、拆迁补偿等形式。

(2) 税收优惠

税收优惠是指政府利用税收制度达成事前预定的目标,以减轻纳税人应履行的纳税义务来补贴纳税人的某些活动或相应的纳税人。我国政府颁布各项税收优

惠政策来刺激经济发展,按照不同税种、不同行业和不同企业开展税收优惠,实现合理调整经济结构、企业快速发展等目标。当下,我国政府为鼓励企业创新主要推行的税收优惠政策包含流转税额减免和所得税额减免。据国家税务总局的数据,截至2017年7月,我国已陆续出台了44项税收优惠政策来促进创新主要环节和关键领域,其中税收优惠政策占29项[59]。另根据科技部的数据也可以看出,2015年国家高新区企业享受的所得税优惠减免额占总税收优惠减免额的一半以上[60]。因此,本研究税收优惠特指国家为激励高新技术产业所给予的所得税优惠部分。

3.1.2 企业绩效

企业绩效内容的首次出现是在企业组织理论与企业战略理论中[61]。一般对企业绩效的衡量主要是从财务效益评价指标、资产运营评价指标、偿债能力评价指标、发展能力评价指标、技术创新评价指标等多指标综合体现的[62]。目前对我国企业绩效的讨论主要集中在企业财务绩效和创新绩效两个部分。

(1) 企业财务绩效

财务绩效指的是企业战略的实施和经营活动的开展为企业经营业绩和财务状况带来的成果。换句话说,财务绩效是企业在一段时间内生产总值、总利润及各种经营条件和环境的改进水平。从企业角度看,财务绩效是从经济层面出发,考量企业行为活动的成效,着重于产品产量、成本收益分配、生产稳定性等财务能力的提高。

(2) 企业创新绩效

创新理论自提出后,不断涌现的学者开始关注并深化理论,同时对企业创新绩效展开进一步研究,尽管有很多的研究成果,但截至目前创新绩效的概念还未得到统一定义。Chiesa[63]发现,企业创新能力和创新过程能够真实地反映出企业创新绩效。在国内,企业创新绩效概念最早的提出者是高建[64],他认为企业绩效应从两个部分考虑,分别是企业创新过程中的效率和创新成果的市场价值,其中,创新成果为企业带来的效益应为企业产出绩效。可以看出,对创新绩效的度量是考察企业绩效必不可少的一部分。

应从多方面综合衡量企业绩效,对国内外文献梳理分析后发现,目前有关于企业绩效的研究主要集中在企业经营业绩和利润是否增加及企业整体创新水平是否提高。因此,本研究通过财务绩效和创新绩效两个部分来反映企业绩效。

3.2 理论模型构建

3.2.1 政府激励对创新绩效的影响

(1) 政府补助对创新绩效的影响

技术创新是一项高风险的企业活动,创新活动一旦展开,企业就要面临创新带来的各种不确定性,并且由于企业创新成果的"外部性"特点,会严重影响企业的创新积极性,不利于创新成果的增加。此外,企业创新活动周期较长,需要大量的资金投入,且企业无法立马收回成本的特点,都会导致企业出现创新动力不足的情况。政府是企业最为重要的利益相关者,能够向企业提供稳定的发展环境,并通过激励政策让政府参与到企业管理中去,推动企业快速发展。

政府补助作为一种针对性较强的激励工具,能够为企业创新活动的开展提供直接资金支持,一定程度上满足了创新活动对资金的需求[28],降低了企业自主创新过程中的不确定性,有利于分担研发中面临的风险[65]。同时,政府补助能够有效地降低竞争企业对创新模仿带来的消极影响,减少企业的后顾之忧,挽回研发成果"外部性"带来的损失,鼓励企业主动开展创新活动。

此外,市场经济中资金难以得到有效配置,主要原因在于各经济体间的信息不对称。企业创新项目的具体内容属于机密信息,且有着很强的不确定性,导致外部融资在缺乏对内部信息了解的情况下不愿意为企业融资,限制了企业融资渠道。但企业创新需要大量资金,用于厂房、高端设备的购买、生产线的升级等,较高的外部融资约束限制了企业的创新行为。这时,政府给予的补助扶持能够帮助企业走出创新融资约束的困境,且政府对企业的直接资金支持在某种程度上代表了利好的投资信号[66]。政府通过向不同行业投放不同力度的补助为企业外部投资者传递国家重点发展方向,无形中是对企业的一种认可,有利于引导外部创新资源不断投入企业中,逐渐提升创新绩效[76]。不论政府补助是直接为企业提供资金,还是通过间接影响帮助企业获取外部资金,政府补助都有利于企业创新,推进企业发展。基于上述分析,本研究提出如下假设。

H1:政府补助显著正向影响企业创新绩效。

(2) 税收优惠对创新绩效的影响

创新活动作为高新技术产业上市公司重要的企业活动,研发经费是企业较为关键的支出。创新能够帮助企业提升企业竞争力,但同时也为企业带来了较大风险,在这一情形下,政府提供的研发税收优惠可以从多渠道来提升企业创新。政府为激励企业进行投资,通常利用税收优惠政策分担企业部分风险,提升资源配置效率。在税收优惠政策的扶助下,企业拥有更加充裕的现金流量来克服短期内的资金紧张问题[67],有利于刺激企业参与到更多与自身发展相关的筹资、投资活动中,积极调动人力、物力用以扩大企业规模和研发团队,为企业创新活动供应充足的资本[68],提升整体创新能力和发展水平。综合上述分析,提出以下假设。

H2:税收优惠显著正向影响企业创新绩效。

3.2.2 政府激励对财务绩效的影响

(1)政府补助对财务绩效的影响

企业创新活动获得有效成果时,还需要面对其他竞争者模仿和抄袭带来的挑战,这会让竞争者分割创新成果带来的利益,致使企业不能获得创新成果带来的全部收益,对企业财务绩效产生消极影响。政府补助的直接资金缓解了企业的财务压力,增加企业营业外收入额的同时又有效降低了企业的创新成本,提升了企业创新成果的利润空间[69],让原先创新产出利润极低的项目变得有利可图,将更多的财富留存于企业内部,帮助企业累积持续经营和扩大再生产所需的资本,促进企业财务绩效的不断增长。同时,政府补助的投放增加了企业的现金持有量,进而影响企业的投融资活动,提升了企业的整体实力,帮助企业提高盈利能力和经营绩效。基于此,提出如下假设。

H3:政府补助显著正向影响企业财务绩效。

(2)税收优惠对财务绩效的影响

首先,我国市场机制发育的不健全导致企业面临边际成本大于社会边际收益的问题,政府给予的税收优惠在一定程度上弥补了企业生产成本的开销,有利于对企业生产要素的再投资[12]。同时,企业开展越多的生产活动,随着产出的不断增多,无形中可以从国家税收优惠政策中获益更多,提高了企业的税后利润,刺激了生产经营和发展。其次,政府的税收优惠降低了企业的实际税负,为企业减少了很大的税收压力,在可支配范围内可以开发更多的途径去提高自身的市场竞争力,不断提升企业的生产经营状况,有利于财务绩效的增长。再者,由于市场经济存在着较多的不确定性和风险性,或者因为资金规模的有限性而不敢进行投资,企业的投资收益无法弥补包括风险成本在内的全部成本,导致企业资源配置效率低。税收优惠能有效提高企业资源配置效率,给企业带来的充裕现金,有利于减少企业相关财务费用,提高企业生产效率并降低成本。从盈利能力方面说,充裕的现金流量可以增加生产能力，降低财务费用，使企业获得更多的盈利。综上所述，本研究做出如下假设。

H4：税收优惠显著正向影响企业财务绩效。

3.2.3 生命周期在政府激励与创新绩效中的调节作用

不同生命周期阶段的企业需要应对不同的难题，表现出的企业特征也会有所差别。企业掌握生命周期阶段的规律有利于根据自身当下所处的生命周期阶段，结合不断变化的外部环境，从企业发展战略的角度出发，规划出最适合、最科学的战略计划[70]。

(1) 生命周期在政府补助与创新绩效中的调节作用

生命周期不同，企业具备的技术创新特点和需求也不相同[71]。成长期阶段企业各项能力还不成熟，表现在企业资金能力较差、产品生产成本较高、管理模式和组织结构还未成体系。在市场竞争中，成长期企业的生产核心目标在于提升市场认可度和拓宽市场渠道[72]。技术创新是带领企业步入市场并占领市场的关键，推动企业革新已有技术以提升生产效率。形成价格优势，或者改良现有产品，为目标客户群提供区别于竞争对手的高质量产品，树立品牌形象。无论是工艺改进，还是产品创新都需要企业进行研发投入，但是由于成长期总体资金有限，可能导致创新投资受到融资约束。成熟阶段企业研发的技术创新产品已能为企业带来利润回报，然而，随着时间的不断推移和新产品的不断上市，企业盈利能力急速下降，发展速度逐渐缓慢。

外部投资者无法掌握企业的全部信息，导致企业进行外部创新融资时受到较多约束，而不同生命周期阶段企业遇到的融资约束也会有所不同[73]，其中成长期阶段企业的融资约束最大，成熟期阶段企业融资约束最小[74]。政府补助有着"利好"的信息传导作用，当信号被外部投资者接收时，有助于企业从资本市场获得更多的创新资金，缓解融资约束。但由于政府补助对不同生命周期阶段企业融资约束的缓解效果不同，对融资约束高的成长期企业，政府补助能够有效扩宽企业的融资渠道，成熟期企业自身遇到的融资约束较少、融资渠道多样化程度高，政府补助对该阶段的企业效用相对较低。此外，不同生命周期阶段企业对创新资金的需求与外部创新的实际供给间存在差异[75]，如高松等[35]发现，政府补助额与企业创新资金需求额间存在不同程度的差距，且政府补助对各阶段企业能力发展的促进作用也不相同。因此，提出如下假设。

H5：政府补助对成长期企业创新绩效的激励作用高于对成熟期企业的激励作用。

(2) 生命周期在税收优惠与创新绩效中的调节作用

不同生命周期阶段企业受到的税收优惠有着明显差别[76]。企业研发创新外部融资资金中所得税税收优惠减免额是其中的关键一项，税收政策的优惠效果取决于企业所得税减免额（即融资收益）和为获得所得税优惠而付出的管理费用（即融资成本）间的衡量[77]。处于成长期的企业应纳税所得额较少，从税收优惠政策获得的融资收益无法补偿融资成本，故很难起到增加研发投入与创新绩效的作用；而进入成熟期的企业，企业应纳税所得额增加，税收优惠政策带来的融资收益高于融资成本，税收优惠对该阶段企业的创新绩效激励效果明显。同时，税收优惠政策有利于减轻企业纳税义务，不断激励企业开展创新活动。已有研究也证明了税收优惠对发展速度放缓的阶段（如成熟期）企业的创新激励效果较好，但对成长阶段企业的创新促进效果不显著[78]。对于成长期企业，主要由于财务状况不乐观、侧重对创新成果的积累、成果转化还未取得丰厚利润等特点，致使税收优惠无法激励创新活动的开展[79]。基于此，提出如下假设。

H6：税收优惠政策对成熟期企业创新绩效的激励作用高于对成长期企业的激励作用。

3.2.4 生命周期在政府激励与财务绩效中的调节作用

(1) 生命周期在政府补助与财务绩效中的调节作用

处于成长期阶段的企业为立刻能获得回报，通过不断增加产品类型、批量生产、销售等方式扩大企业经营范围和增加主营业务收入[80]，努力提升企业财务绩效。成熟期企业已经占据了稳定的市场份额，形成一定的规模效益，树立了良好的品牌形象，在产品市场上已经确立了自身的地位，受外部环境的威胁较少。成熟期企业拥有充足且自由的现金流，并且由于其在资本市场中的声誉良好，提升了筹资能力，对于企业管理者来说，为了加强对企业的控制权，他们倾向于将企业内部多余的自由现金流用于投资，以获得高额的投资回报。

成熟期阶段企业持续不断的净现金流入给企业过度投资提供了各种条件和可能性[81]，而成长期企业则较不容易出现过度投资的现象[82]。当处于成熟阶段的企业得到政府补助后，资金更有可能被投放到众多投资项目中，造成投资收益低于投资成本，形成"非效率投资"，导致企业出现经营效率较低甚至经营失败情况的发展，对财务绩效的增长造成负面影响。而成长期企业存在过度投资的可能性较低，更多的是将政府补助用于企业生产经营中，有利于提升企业财务绩效。基于此，提出如下假设。

H7：政府补助对成长期企业财务绩效的激励作用高于对成熟期企业的激励作用。

（2）生命周期在税收优惠与财务绩效中的调节作用

税收政策的优惠表现在企业税后利润的增加上。当下，我国税收优惠政策是以事后优惠的方式为主，所得税优惠反映在企业能够产生利润后对税收额的减免，企业享受的优惠与自身的经营业绩息息相关[83]，只有能够获得利润的企业才能从税收优惠中获益。

成长期企业盈利水平不高，利润总额较低甚至可能出现负值，这时，税收优惠无法对该类企业创新有较好的激励作用；对于已取得可观市场份额、利润丰厚稳定、重视开拓新市场的成熟期企业，业务规模与收入均比较稳定，有较高水平的盈利能力，有利于税收优惠政策发挥激励作用，进而提高财务绩效。降低企业所得税税负表示单位股本投入的税收回报会增长，有利于激励股东增加股本投入，不断扩张规模[6]。大多数成熟期阶段的企业运作已步入正轨，更乐意通过股权形式来获得金融支持，而成长期企业则更倾向于选择间接金融方式来得到金融支持[84]。因此可以认为，相较于成长期企业，税收优惠对成熟期企业外部融资激励效果更好，更能促进企业财务绩效的增长。根据分析，提出以下假设。

H8：税收优惠政策对成熟期企业财务绩效的激励作用高于对成长期企业的激励作用。

3.2.5 概念模型

本研究概念模型中主要涉及的变量有：解释变量、被解释变量和调节变量。根据已有理论基础及本章前面的分析，确定了本研究的解释变量——政府补助与税收优惠，被解释变量——企业绩效，调节变量——企业生命周期。综合以上分析，构建"政府激励对企业绩效的影响——基于企业生命周期的调节作用"的假设模型，如图3.1所示。

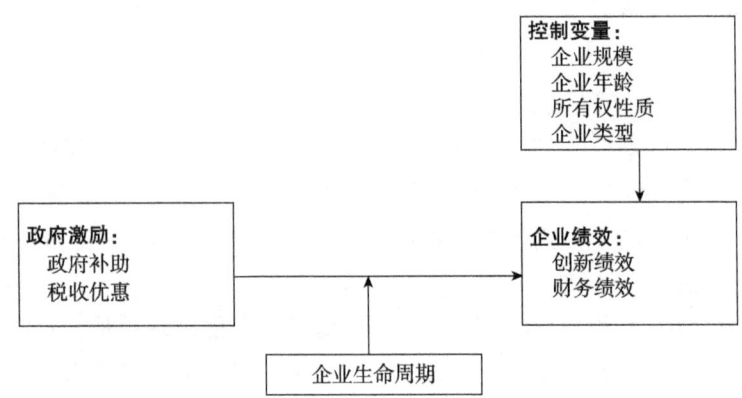

图 3.1　企业生命周期在政府激励对企业绩效中调节作用的概念模型

3.3　变量度量

3.3.1　被解释变量

（1）财务绩效

在企业财务绩效的相关研究中，我国多数学者对企业财务绩效指标衡量采用的方法为因子分析法[85-86]。因此，为了保证对企业财务绩效能够客观且全面的分析评价，基于已有研究对财务绩效的评价方法，本研究利用企业财务报表中的相关数据，分别从企业盈利能力、发展能力、资金营运能力和偿债能力4个方面出发，选取总资产报酬率（X_1）、净资产收益率（X_2）、营业利润率（X_3）、净资产增长率（X_4）、营业收入增长率（X_5）、净利润增长率（X_6）、总资产周转率（X_7）、存货周转率（X_8）、应收账款周转率（X_9）、资产负债率（X_{10}）、流动比率（X_{11}）和速动比率（X_{12}）共计12个财务指标对财务绩效进行分析，构建企业财务绩效指标体系，如表3.1所示。

表 3.1　企业财务绩效指标体系

类别	指标名称	符号	计算公式
盈利能力指标	总资产报酬率	X_1	净利润/平均资产总额
	净资产收益率	X_2	净利润/净资产
	营业利润率	X_3	营业利润/营业收入

续表

类别	指标名称	符号	计算公式
发展能力指标	净资产增长率	X_4	（期末净资产－期初净资产）/期初净资产
	营业收入增长率	X_5	（当期营业收入－上期营业收入）/上期营业收入
	净利润增长率	X_6	（本年净利润－上年净利润）/上年净利润
资金营运能力	总资产周转率	X_7	销售收入/平均资产总额
	存货周转率	X_8	营业成本/平均存货
	应收账款周转率	X_9	销售收入/平均应收账款
偿债能力	资产负债率	X_{10}	负债总额/资产总额
	流动比率	X_{11}	流动资产/流动负债
	速动比率	X_{12}	（流动资产－存货）/流动负债

本研究中所衡量的企业财务绩效需要通过上述财务指标综合分析，运用因子分析法计算得出。首先定义面板数据，然后进行相关分析，理论上数据之间具有较强相关性才能进行因子分析，最后得出因子得分模型。

①描述性统计分析。

对目标数据描述性统计分析后，观察数据特点，查看目标数据中是否存在极端值影响因子分析的结果。具体描述性统计结果情况如表3.2所示。

表3.2　财务绩效指标描述性统计分析

变量	极小值	极大值	均值	标准差
总资产报酬率	－65.783	75.145	9.023	8.796
净资产收益率	－3106.233	176.636	10.852	44.618
营业利润率	－447.341	75.550	9.823	15.906
净资产	－187.924	1849.163	28.835	73.913
营业收入	－91.834	408.657	18.294	69.298
净利润	－100.587	190.146	－23.138	81.764
总资产周转率	0.007	11.841	0.700	0.399
存货周转率	0.089	452.563	11.497	56.946
应收账款周转率	0.204	913.320	29.701	70.435
资产负债率	1.105	108.092	38.999	18.819
流动比率	0.117	144.000	2.766	3.682
速动比率	0.074	135.603	2.229	3.386

②KMO 检验。

相关性分析检验通过后,再对各变量展开 KMO 检验,判定所获数据是否满足因子分析的要求。运用 SPSS 软件得出相应的 KMO 和 Bartlett 检验结果,如表 3.3 所示。

表 3.3 财务绩效指标 KMO 和 Bartlett 的检验

Kaiser – Meyer – Olkin 度量		0.696
Bartlett 的球形度检验	近似卡方	37 857.982
	df	66
	Sig.	0.000

表 3.3 中 KMO 值为 0.696（>0.5）,表明本研究获取的样本数据适合做因子分析；在 Bartlett 检验结果中,显著性概率 Sig 等于 0.000（<1%）表示拒绝原假设,变量间关联度较高,满足开展下一步分析要求。本研究所选样本量大于 100 也同时满足了做因子分析的条件。

③确定公因子数目,求解初始公因子及因子载荷矩阵。

本研究主要用到的方法为主成分分析法,求解出的初始特征值、提取平方和载入及旋转平方和载入如表 3.4 所示。在因子分析中,通常要求公因子特征值必须大于 1。观察各成分特征碎石图（图 3.2）中的拐点信息,能够断定初始公因子数应在 3 个以上,同时要满足结合累计方差贡献率必须大于 85% 的选取原则,因此最后将公因子数确定为 4。表 3.4 显示提取 4 个公因子的累计方差贡献率可以达到 86.837%,能够保留原始变量中的有效信息,表明提取的公因子有着较好的典型性。

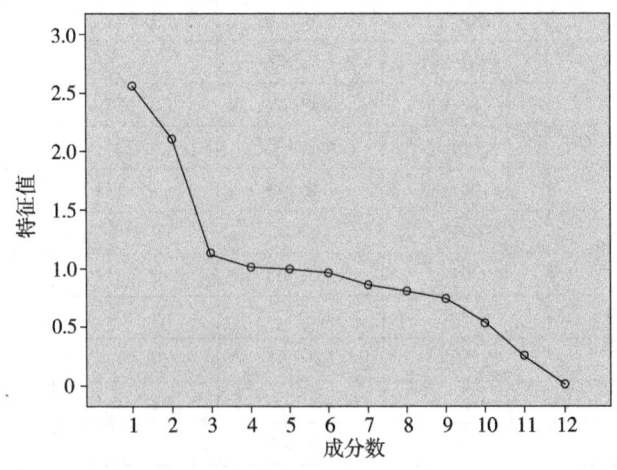

图 3.2 财务绩效指标碎石图

表 3.4　财务绩效指标总方差的解释

成分	初始特征值			提取平方和载入			旋转平方和载入		
	合计	方差的%	累积%	合计	方差的%	累积%	合计	方差的%	累积%
1	3.563	31.359	31.359	3.563	31.359	31.359	3.480	30.669	30.669
2	3.106	27.549	58.908	3.106	27.549	58.908	3.070	37.249	67.918
3	1.136	9.468	68.376	1.136	9.468	68.376	1.244	10.366	78.284
4	1.015	8.462	76.838	1.015	8.462	76.838	1.026	8.553	86.837
5	0.997	5.311	82.149						
6	0.966	5.050	87.199						
7	0.867	4.226	91.425						
8	0.809	3.741	95.166						
9	0.752	3.266	98.432						
10	0.524	1.366	99.798						
11	0.258	0.154	99.952						
12	0.006	0.048	100.000						

一般情况下，需要对初始因子载荷矩阵进行旋转分析，确保各个主因子有实际意义，并能得到合理的解释，通常旋转分析选择方差最大化方法，如表 3.5 所示。

表 3.5　财务绩效指标旋转后因子载荷系数矩阵

变量	成分			
	1	2	3	4
总资产报酬率	0.114	0.890	0.104	
净资产收益率		0.569		
营业利润率	0.175	0.748		−0.119
净资产		0.156	0.654	−0.195
营业收入			0.788	
净利润		0.115	0.241	−0.431
总资产周转率	−0.334	0.553		0.246
存货周转率			0.321	0.683
应收账款周转率			−0.105	0.490
资产负债率	−0.721	−0.197		
流动比率	0.952			
速动比率	0.945			

表 3.5 显示，4 个公因子的实际经济含义均能找到。第一个公因子在流动比率和速动比率上有较大载荷，且两项指标表示了上市公司的偿债能力，因此本研究将第一个公因子 F_1 表示为偿债因子；第二个公因子在总资产报酬率和营业利润率上有较大载荷，将第二个公因子 F_2 确定为盈利因子；第三个公因子在净资产和营业收入上载荷较大，能够有效地表示指标，因而将第三个公因子 F_3 命名为发展因子；第四个公因子 F_4 在存货周转率上的载荷为 0.683，确定为营运因子。

④最后，计算各因子的得分系数。因子得分系数矩阵如表 3.6 所示。

表 3.6 财务绩效指标因子得分系数矩阵

变量	成分			
	1	2	3	4
总资产报酬率	0.016	0.433	-0.028	0.013
净资产收益率	-0.011	0.283	-0.046	0.0002
营业利润率	0.043	0.358	-0.022	-0.085
净资产	0.012	-0.015	0.528	-0.188
营业收入	-0.018	-0.081	0.655	0.065
净利润	-0.012	0.011	0.189	-0.419
总资产周转率	-0.148	0.295	-0.038	0.253
存货周转率	0.024	-0.048	0.273	0.665
应收账款周转率	0.010	0.077	-0.102	0.484
资产负债率	-0.284	-0.077	0.050	0.062
流动比率	0.389	-0.039	0.017	0.078
速动比率	0.386	-0.043	0.024	0.080

根据表 3.6 结果所示及因子得分函数，可以求得 4 个基础因子表达式为：

$F_1 = 0.016X_1 - 0.011X_2 + 0.043X_3 + \cdots + 0.386X_{12}$，

$F_2 = 0.433X_1 + 0.283X_2 + 0.358X_3 + \cdots - 0.043X_{12}$，

$F_3 = -0.028X_1 - 0.046X_2 - 0.022X_3 + \cdots + 0.024X_{12}$，

$F_4 = 0.013X_1 + 0.0002X_2 - 0.085X_3 + \cdots + 0.080X_{12}$。

计算出 F_1、F_2、F_3 和 F_4 的因子得分分别表示了公司的偿债能力指数、盈利能力指数、发展能力指数和营运能力指数。

⑤构建财务绩效综合因子。

为了更好地研究政府激励对企业财务绩效的影响，本研究提取了 4 个能体现企业财务绩效因子的同时，构建了能综合反映企业财务绩效的单因子。将旋转后各个主因子方差贡献率占4个主因子总方差贡献率的比重作为权数加权计算 Z_0，得出企业财务绩效的综合因子。表达式为：

$$Z_0 = (30.669F_1 + 37.249F_2 + 10.366F_3 + 8.553F_4)/86.837$$

（2）创新绩效

在创新绩效指标的选取方面，国内外学者还未得出统一结论。在之前的有关研究中，学者们对创新绩效指标的选择提出了许多不同的意见。已有衡量指标包括企业新产品销售收入、企业专利授权或申请的数量和研发投入等。以上指标均有一定缺陷，如新产品销售收入指标容易受市场变迁影响，无法明确该值变动的真实原因。本研究将企业绩效分别从创新研发投入和创新产出两个部分衡量。其中，创新研发投入通过研发费用投入强度（X_{13}）和研发人员构成强度（X_{14}）衡量，可以有效地反映企业的创新研发潜力和能力[87]；创新产出包括能判断企业技术能力的专利产出（X_{15}）和创新重要内核的无形资产累计（X_{16}）两个部分[88]。

对上述指标进行整理分析，构建出衡量企业创新绩效的指标体系，具体内容如表3.7所示。

表3.7 创新绩效综合评价指标

类别	指标名称	符号	计算公式
创新研发投入	研发费用投入强度	X_{13}	研发费用/营业收入总额
	研发人员构成强度	X_{14}	技术人员/员工总数
创新产出	专利产出	X_{15}	公司专利申请数
	无形资产累计	X_{16}	期末无形资产净值

①创新绩效指标描述性统计分析。

将原始数据进行描述性统计分析，可以看出数据中不存在影响因子分析结果的极端值。具体结果如表3.8所示。

表3.8 创新绩效指标描述性统计分析

变量	极小值	极大值	均值	标准差
研发费用投入强度	0.008	88.564	5.270	4.563
研发人员构成强度	1.194	91.113	20.628	13.245
专利产出	1.000	1021.900	69.010	37.292
无形资产累计	0.008	2536.297	285.287	91.062

②创新绩效指标 KMO 检验。

创新绩效指标 KMO 检验结果如表 3.9 所示，KMO 值为 0.704（>0.5），Bartlett 检验近似卡方值为 1096.988，自由度为 6，显著性概率值为 0.000（<5%）。通过以上检验结果认为可以继续进行因子分析。

表 3.9 创新绩效指标 KMO 和 Bartlett 的检验

Kaiser – Meyer – Olkin 度量		0.704
Bartlett 的球形度检验	近似卡方	1096.988
	df	6
	Sig.	0.000

③确定公因子数目，求解初始公因子及因子载荷矩阵。

观察表 3.10 和图 3.3 可知，初始公因子数应为 2 个以上，且本研究提取 2 个公因子时方差累计贡献率达到 88.236%，符合必须大于 85% 的要求，所以最后确定公因子数为 2。

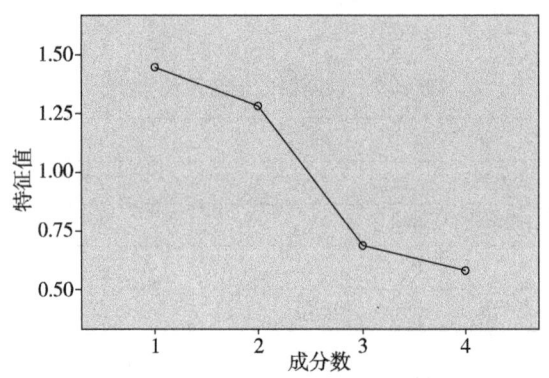

图 3.3 创新绩效指标碎石图

表 3.10 创新绩效指标总方差的解释

成分	初始特征值			提取平方和载入			旋转平方和载入		
	合计	方差的%	累积%	合计	方差的%	累积%	合计	方差的%	累积%
1	1.447	46.174	46.174	1.447	46.174	46.174	1.425	45.633	45.633
2	1.282	42.062	88.236	1.282	42.062	88.236	1.304	42.603	88.236
3	0.689	6.277	94.513						
4	0.581	5.487	100.000						

针对初始因子载荷矩阵展开旋转分析，结果如表 3.11 所示。

表 3.11 创新绩效指标旋转后因子载荷系数矩阵

	成分	
	1	2
研发费用投入强度	0.838	
研发人员构成强度	0.841	
专利产出		0.813
无形资产累计		0.801

从表 3.11 可以看出，创新绩效第一个公因子在研发费用投入强度和研发人员构成强度上有较大载荷，第二个公因子在专利产出和无形资产累计上有较大负荷。因此，本研究定义 F_5 为创新研发投入因子，F_6 为创新产出因子。

④因子得分矩阵。

通过计算得出各因子的得分矩阵，如表 3.12 所示。

表 3.12 创新绩效指标因子得分系数矩阵

	成分	
	1	2
研发费用投入强度	0.548	0.214
研发人员构成强度	0.542	0.236
专利产出	-0.160	0.610
无形资产累计	-0.267	0.553

依据表 3.12 的因子得分系数，F_5 和 F_6 的因子得分分别表示了企业创新研发投入指数和企业创新产出指数。可计算出以下两个基础因子表达式：

$F_5 = 0.548X_{13} + 0.542X_{14} - 0.160X_{15} - 0.267X_{16}$，

$F_6 = 0.214X_{13} + 0.236X_{14} + 0.610X_{15} + 0.553X_{16}$。

⑤构建创新绩效综合因子。

本研究为综合考量企业的创新绩效，从两个方面提取了能够反映企业创新绩效的因子，同时构建了综合反映企业创新绩效的单因子。用 Z_1 来表示企业创新绩效的综合因子，按照公式计算得出：

$Z_1 = (45.633F_5 + 42.603F_6)/88.236$。

3.3.2 解释变量

本研究的解释变量政府激励主要包括政府补助和税收优惠两个方面。政府补助范围已在相应概念界定章节做出详细介绍。我国相关规定中，政府补助包括"与资产相关的政府补助"和"与收益相关的政府补助"两个部分。将其中"与资产相关的政府补助"内容按照资产使用寿命平均分配后计入当期损益，确认为递延收益，"与收益相关的政府补助"部分按应收金额核算计入营业外收入[39]。根据上述规定，结合上市公司年报披露信息，借鉴熊和平[89]的指标选取，对企业当年接受的政府补助额数据，用企业财务报表中"营业外收入"项目下的"政府补助"科目衡量。

理论上企业税收优惠应包括所得税、增值税、营业税①等多税种的总优惠额，但实际情况中，我国所得税与营业税分属在不同的申报税务局和申报系统，给数据获得造成很大困难。因此，本研究税收优惠重点针对的税种是企业所得税优惠。目前，企业所得税是我国企业税收申报占比最大的税种，因而选择用所得税优惠作为税收优惠的衡量有一定的合理性与代表性。考虑行业内所得税税率不同的问题，故本研究选择实际所得税率（所得税费用除以息税前利润）测量所得税的优惠强度，该值越小表示税后优惠的力度越大。

3.3.3 调节变量

在之前的文献中，已有学者提出了多种衡量企业生命周期阶段的方法，如Bens等[90]通过对资本支出、市账比及企业研发支出等变量数值归纳评定后划定企业生命周期；Deangelo[91]利用"留存收益/总股比"单一值衡量企业生命周期；任佩瑜等[92]采用管理熵分类法。

以上指标无法准确划分我国上市企业生命周期的原因在于：第一，我国不同行业间上市公司数目差距较大，而按行业资金支出和销售增长变化划分生命周期的方法，先决条件是各行业的增长趋势是相近的[93]，且不同生命周期阶段的企业数目大体一致，这显然不符合我国的实际情况；第二，我国多数上市公司的留存收益并不存在明显的生命周期阶段性差别[94]，因此这一方法同样存在局限性；第三，管理熵分类法适用于判定企业在连续年度下所处的生命周期，该方法使用效率低下，不适合大样本数据情况。目前为止，对于企业生命周期阶段的衡量方法还未得出统一结论。

现阶段，国内外学者较广泛采用的是现金流组合法[7][95-96]，利用企业的经营现金流、投资现金流和筹资现金流3个指标来表征企业的获利能力、增长水平和

---

① 我国已于2016年推行营改增，2017年废止营业税。因研究阶段内仍有营业税征收，因而有此说法，余同。

面临的风险，通过分析指标的不同组合来判断企业生命周期阶段。与其他划分方法相比，现金流组合法稳定性好且敏感度高[97]。所以，本研究组合经营、投资、筹资活动现金流的信息，利用现金流组合法确定企业生命周期阶段。

在我国资本市场，有能力在 A 股上市的公司均已步入成长期，所以本研究将初创期和成长期合并为成长期，将特征接近的动荡期和成熟期企业划分为成熟期[98]。实证分析以企业生命周期为调节变量，设置虚拟变量，将成长期企业定义为 0，成熟期企业定义为 1，详细分类方法如表 3.13 所示。

表 3.13 企业成长期与成熟期的现金流组合类型

财务活动	生命周期				
	成长期		成熟期		
经营现金流	-	+	+	-	+
投资现金流	-	-	-	-	+
筹资现金流	+	+	-	-	+

注："+"表示净流入，"-"表示净流出。

3.3.4 控制变量

现实情况中，被解释变量除了受解释变量的影响外，还会受到许多控制变量的影响。在企业绩效的已有研究中，几乎所有学者都将企业规模考虑为控制变量，因此本研究也将企业规模作为研究相关关系中的控制变量。同时，有关文献认为企业年龄和所有权性质也应作为讨论企业创新绩效的重要因素[99]。另外，企业类型不同也会导致企业绩效存在差异，所以企业类型也应选为控制变量。

（1）企业规模

企业规模是一个企业整体实力的体现。一个企业资产规模较大，说明该企业有较强的实力运营公司，拥有更多的资金投入研发、宣传推广、员工福利等方面，使企业能够获得更好绩效。因此，本研究选择资产规模为控制变量，由于企业资产规模数值较大，研究中往往选取企业期末资产总额的自然对数值。

（2）企业年龄

企业年龄指企业从成立年度起累计的经营年限。样本数据里企业的上市时间各不相同，上市时间不同可能影响企业在上市后的适应性，因此企业年龄用实际上市年龄衡量，并作为研究的控制变量。计算公式为"企业年龄 = 研究年份 - 企业上市时间"。

(3) 所有权性质

我国企业产权性质决定了企业在规模、资金及享受政府补助上的不同。依照所有权性质,将我国企业分为民营企业和非民营企业两类。我国非民营企业中国有控股企业由于有政府担保的优点,同时国有控股企业管理者与政府间的联系也为企业提供了许多政策优惠,政府补助也更偏重于国有控股企业,因此相较于非民营企业,民营企业遇到的融资约束更多。据此,本研究将企业实际控制人性质作为控制变量之一,并将其设置为虚拟变量,其中民营性质取1,非民营性质取0。

(4) 企业类型

高新技术产业包括了多种不同类型行业,且不同行业类型的企业绩效相差较大。根据对高新技术企业进行相关分析,选取了医药制造业、汽车制造业、仪器仪表制造业等12个行业为研究对象。鉴于上述行业间企业绩效差异较大,因此,将企业类型作为控制变量,并分别给上述所选取的行业赋值1~12。本研究具体各变量定义如表3.14所示。

表 3.14 变量定义

变量类型	变量含义		指标说明
解释变量	政府激励	政府补助	上市公司年度报告中营业外收入的政府补助部分
		税收优惠	实际所得税率（即所得税费用除以息税前利润）
被解释变量	企业绩效	财务绩效	财务绩效因子分析法综合得分
		创新绩效	创新绩效因子分析法综合得分
调节变量	企业生命周期		Dickinson现金流划分法。成长期企业定义为0,成熟期企业定义为1
控制变量	所有权性质		民营性质取1,否则为0
	企业规模		期末资产总额取自然对数计量
	企业年龄		企业上市年度至研究年度止的年数
	企业类型		给12个不同行业分别赋值1~12

3.4 本章小结

本研究主要讨论了政府激励政策对企业绩效产生的影响,并同时考虑了企业生命周期的调节作用。本章依据相关理论和文献综述,提出了研究的理论模型和假设。此外,总结相关变量的度量方法,包括政府补助、税收优惠、企业生命周期、创新绩效与财务绩效,并通过多个指标构建衡量企业绩效的综合指标体系。

4 样本选取与数据获取

对变量衡量指标进行选择后，结合各变量特点从不同渠道收集数据。在相关统计软件对原始数据处理后，进行变量初步的描述性统计分析及相关性分析，为之后的假设验证可行性提供数据结果依据。

4.1 样本来源及数据获取

4.1.1 数据获取及分析工具

本研究主要讨论了政府激励与企业绩效间的相关关系，研究中涉及的专利数据来自国家知识产权专利数据库，此外余下数据均出自万得资讯数据库。主要数据涉及上市企业 2013—2016 年的专利申请数、营业收入、研发费用投入等十几项相关基础数据。利用 Excel 软件除去原始数据中的异常值，进行筛选、加减乘除等基本计算，直至获取目标数据。再采用数据分析软件 SPSS 将得到的目标数据进行描述性统计分析、KMO 检验、因子分析、相关系数分析、主因子法回归分析等操作处理。利用构建好的指标体系在 Excel 中算出综合得分，并通过 Eviews 软件对相关变量进行多元回归。

4.1.2 样本选取

高新技术产业是我国目前最具活力和潜力的核心产业，实现科技强国和社会进步的发展目标，离不开对高新技术产业的大力支持，政府应保障该产业能满足社会的发展需要，因此，针对该产业展开研究有一定的时代必要性。

国家统计局 2008 年发布了《高新技术产业统计分类目录》，将我国高新技术产业整体划分为五大类，包括医药制造业、电子计算机、办公设备制造业等。2016 年，科技部联合财政部、国家税务总局发布了《高新技术企业认定管理办法》，该办法明确了高新技术企业的划分标准及划分范围，指出了当前我国重点支持的高新技术领域包括电子信息、生物医药、新材料等。可以看出，上述类型企业均处于知识技术密集型领域，且企业必须拥有核心自主知识产权。

上述内容表明，目前已存在的高新技术产业划分标准均不一致，且在分类筛选时易出现主观性强、挑选难度较大、获取成本较高等问题。因此，本研究对高新技术产业内行业选择结合了统计局的《高新技术产业统计分类目录》、科技部《高新技术企业认定管理办法》及证监会行业分类标准。最终选取了医药制造业，化学纤维制造业，非金属矿物质制品业，通用设备制造业，专用设备制造业，汽车制造业，电气机械及器材制造业，计算机、通信及其他电子设备制造业，仪器仪表制造业及金属制品等共 12 个行业作为研究样本行业。

本研究以上市公司为研究样本，考虑数据可获得性的同时确保数据的稳健性，对企业进行以下筛选：①将研发支出数据缺失或为负值的企业删除；②将缺少政府补助额和税收优惠额的企业删除；③除去财务数据公布不全的上市公司；④剔除 *ST、ST 的企业。经过上述筛选，有 1527 家企业达标，考虑到政策激励对企业创新行为的影响存在时滞，因此将创新绩效指标体系中研发投入和企业创新绩效按照滞后一年收集数据。

4.2 变量描述性统计分析与相关性分析

4.2.1 变量描述性统计分析

本研究应用方差膨胀因子（VIF）检验各变量是否存在多重共线性，VIF 值越高，表示相关变量之间的共线性越强，通常情况下，VIF 值小于 10 表明变量间未出现多重共线性问题。对本研究检验后发现，各变量间 VIF 值均小于 10，说明研究中不存在多重共线性。根据研究需求，对文中出现的变量交互项进行中心化处理，消除交互项与主变量间的多重共线性问题。

首先，对高新技术产业上市公司的全样本数据进行描述性统计分析；其次，将企业划分为成长期和成熟期阶段分别进行描述性统计分析。

（1）全样本描述性统计分析

本研究的研究对象是 2013—2016 年高新技术产业上市公司，该产业上市公司的周期变化快，在研究时间段内企业可能存在从成长期步入成熟期的情况，因此，将企业每一年的数据作为单个样本点，对共计 6108 家企业进行全样本描述性统计分析。表 4.1 是本研究讨论的关键变量的描述性统计分析结果，对结果展开后发现：政府补助均值为36.299，标准差为139.102，说明我国高新技术产业的上市公司中，政府补助力度普遍不大，且企业间受补助力度相差较大，不利于企业在市场中的公平竞争。相反，税收优惠政策的均值为0.001，标准差为0.015，企业间在享受税收优惠时差别不大，税收优惠政策适用于大部分企业，且对类型不同的企业也相对公平。

企业规模的均值为7.671，标准差为1.246，表明我国高新技术产业的上市企业整体规模并不大，且企业间规模的差异不大。企业成立年龄的均值为15.850年，但企业规模在此间并没有明显的变化，反映出我国高新技术产业上市公司的发展有待提高。企业年龄标准差为5.276年，成立年份相对集中，大部分企业的成立是由于国家政策的推动。从企业创新绩效均值为50.131可以看出，我国高新技术产业上市公司创新绩效水平总体较低，企业间在创新能力上相差较大，相较而言，企业财务绩效的标准差为31.697，说明企业在财务绩效提高的能力上水平相近。尽管我国对高新技术产业在政府补助和税收优惠力度上总体比较可观，但企业将其转化为自身创新绩效和财务绩效的水平不乐观。

表 4.1　全样本各变量描述性统计分析

	极小值	极大值	均值	标准差
政府补助	0.001	3985.003	36.299	139.102
税收优惠	−1.091	0.198	0.001	0.015
企业规模	4.159	13.288	7.671	1.246
企业年龄	2	57	15.850	5.276
创新绩效	0.143	3405.774	50.131	140.643
财务绩效	−336.592	1824.579	4.505	31.697

（2）不同企业生命周期样本的描述性统计比较分析

政府激励政策对不同生命周期企业绩效的影响不同。本研究依照企业生命周期的演变，将全样本数据分为成长期和成熟期两个阶段进行描述性统计分析，具体结果如表 4.2 所示。

表 4.2 不同企业生命周期样本的描述性统计比较分析

变量	统计指标	成长期	成熟期
政府补助	极小值	0.070	0.001
	极大值	3985.003	3116.012
	均值	37.427	35.292
	标准差	133.451	143.969
税收优惠	极小值	-1.091	-0.344
	极大值	0.0493	0.198
	均值	0.0007	0.001
	标准差	0.020	0.008
企业规模	极小值	4.600	4.159
	极大值	12.731	13.288
	均值	7.441	7.519
	标准差	1.220	1.249
企业年龄	极小值	2	3
	极大值	56	57
	均值	15.710	15.960
	标准差	5.223	5.321
创新绩效	极小值	0.459	0.143
	极大值	3405.774	2609.914
	均值	53.196	47.398
	标准差	144.802	136.792
财务绩效	极小值	-336.592	-184.273
	极大值	815.881	1824.579
	均值	3.716	5.209
	标准差	21.791	38.426

通过表4.2可以看出，政府对成长期企业补助额的均值略高于成熟期企业，可以认为政府更注重对成长期企业的现金资助。成熟期企业在政府补助上的标准差高于成长期企业，表明政府补助的两极化在企业进入成熟期后更加严重。税收优惠对成长期与成熟期企业的作用效果基本一致，对成熟期不同企业间激励的差别较小，这也凸显出税收优惠政策普适性的优点。关于企业规模，我国高新技术产业上市公司在两个阶段并没有明显的变化。从企业创新绩效和企业财务绩效角度出发，成长期企业创新绩效的平均水平要高于成熟期企业，相反，成熟期企业

财务绩效的平均水平要高于成长期企业,表明成熟期企业更注重盈利而成长期企业更注重创新的特点。不论企业处于成长期还是成熟期,各企业间创新绩效的差距均大于企业财务绩效的差距。

4.2.2 变量相关性分析

对模型进行多元线性回归之前,首先需要检验研究中涉及的主要变量间的密切程度。具体检验结果如表4.3所示。

表4.3 相关性分析结果

	政府补助	税收优惠	企业生命周期	所有权性质	企业规模	企业年龄	企业类型	创新绩效	财务绩效
政府补助	1								
税收优惠	0.002	1							
企业生命周期	-0.008	0.015	1						
所有权性质	-0.07**	-0.001	-0.096**	1					
企业规模	0.430**	0.002	-0.129**	0.114**	1				
企业年龄	0.068**	0.003	0.024	0.043**	0.293**	1			
企业类型	-0.032*	0.008	0.014	-0.04**	-0.08**	-0.033*	1		
创新绩效	0.634**	-0.02*	-0.021	-0.028*	0.495**	0.076**	0.04**	1	
财务绩效	-0.02*	-0.03*	0.024	-0.04**	-0.06**	-0.04**	0.018	-0.02	1

注:"**""*"分别表示在0.01水平、0.05水平上显著相关。

从表4.3的相关性检验可以看出,政府补助、税收优惠与企业创新绩效、财务绩效都在0.01或0.05的水平上显著,表明变量间存在必然相关性。而且控制变量与创新绩效和财务绩效等指标在0.01~0.05的水平上显著相关,说明控制变量与企业绩效间存在一定影响。同时,模型中各解释变量间的相关系数均低于0.8,不存在严重的相关性问题。

4.3 本章小结

本章详细论述了研究样本的选择及数据获取的内容。在理论研究的基础之上,借鉴之前学者在相关领域的研究设计和研究方法,依照实证研究的具体要求,对大量数据进行严格的样本筛选，确定研究样本企业为高新技术产业上市公司，研究时间节点为2013—2016年，有效控制行业和时间对实证研究的干扰和影响，构成典型性研究样本。此外，对研究样本进行描述性统计分析、相关性分析，为之后检验假设夯实基础。

5 政府激励、生命周期与企业绩效的实证研究

本章内容主要包括 3 个部分。首先，依据上述研究假设构建实证分析模型；其次，观察数据特征后选择相匹配的实证分析模型，并利用 Eviews 软件回归验证；最后，对回归结果展开分析，总结假设验证情况，并进一步剖析未证实假设出现的原因。

5.1 模型构建

依照文中的研究假设，运用相关文献与理论知识，构建出以下的实证研究模型。

首先，建立企业绩效和控制变量之间的关系模型。

模型 1：企业创新绩效 = 截距 + β_0 所有权性质 + β_1 企业规模 + β_2 企业年龄 + β_3 企业类型 + ξ。

模型 2：企业财务绩效 = 截距 + β_0 所有权性质 + β_1 企业规模 + β_2 企业年龄 + β_3 企业类型 + ξ。

其次，加入解释变量（政府补助和税收优惠）和控制变量，构建模型 3 和模型 4。

模型 3：企业创新绩效 = 截距 + β_0 所有权性质 + β_1 企业规模 + β_2 企业年龄 + β_3 企业类型 + β_4 政府补助 + β_5 税收优惠 + β_6 企业生命周期 + ξ。

模型 4：企业财务绩效 = 截距 + β_0 所有权性质 + β_1 企业规模 + β_2 企业年龄 + β_3 企业类型 + β_4 政府补助 + β_5 税收优惠 + β_6 企业生命周期 + ξ。

最后，分别加入交互项政府补助 * 企业生命周期和税收优惠 * 企业生命周期，通过判断交互项系数的正负及显著性来验证企业生命周期交互作用对企业绩效的影响，以此构建模型 5~8，各模型如下所示。

模型 5：企业创新绩效 = 截距 + β_0 所有权性质 + β_1 企业规模 + β_2 企业年龄 + β_3 企业类型 + β_4 政府补助 + β_5 税收优惠 + β_6 企业生命周期 + β_7 政府补助 × 企业生

命周期 $+ \xi$。

模型6：企业创新绩效 = 截距 $+\beta_0$ 所有权性质 $+\beta_1$ 企业规模 $+\beta_2$ 企业年龄 $+\beta_3$ 企业类型 $+\beta_4$ 政府补助 $+\beta_5$ 税收优惠 $+\beta_6$ 企业生命周期 $+\beta_7$ 税收优惠 × 企业生命周期 $+ \xi$。

模型7：企业财务绩效 = 截距 $+\beta_0$ 所有权性质 $+\beta_1$ 企业规模 $+\beta_2$ 企业年龄 $+\beta_3$ 企业类型 $+\beta_4$ 政府补助 $+\beta_5$ 税收优惠 $+\beta_6$ 企业生命周期 $+\beta_7$ 政府补助 × 企业生命周期 $+ \xi$。

模型8：企业财务绩效 = 截距 $+\beta_0$ 所有权性质 $+\beta_1$ 企业规模 $+\beta_2$ 企业年龄 $+\beta_3$ 企业类型 $+\beta_4$ 政府补助 $+\beta_5$ 税收优惠 $+\beta_6$ 企业生命周期 $+\beta_7$ 税收优惠 × 企业生命周期 $+ \xi$。

各模型中，β_0、β_1、β_2、β_3、β_4、β_5、β_6、β_7 为系数，ξ 为随机误差项。

5.2 假设检验

本研究的研究对象为2013—2016年高新技术产业上市公司，获取到的数据为非平衡面板数据。在研究过程中，可能出现因未观察到的个体异质性而影响被解释变量的情况，所以需要通过应用 Hausman 检验来判断是使用固定效应模型还是随机效应模型。在对所有回归方程进行 Hausman 检验后发现，p 值均小于 0.1，则本研究选择固定效应模型回归所有方程，分析结果中调整后的 R^2 值反映了模型真实的 R^2 值。

5.2.1 政府激励对企业创新绩效影响的检验

根据上文建立的实证模型，就政府激励如何影响企业绩效问题进行多元线性回归分析，具体回归结果如表5.1所示。

表5.1 创新绩效的多元线性回归分析

创新绩效	模型1	模型2	模型3	模型4
常数项	-12.026*	-39.502*	-29.760	-29.406
所有权性质	27.798*	2.238	1.315*	2.412*
企业规模	25.900**	21.177**	21.135**	21.151**

续表

创新绩效	模型1	模型2	模型3	模型4
企业年龄	-17.090*	-18.987*	-19.042*	-19.076*
企业类型	-27.248*	-17.858	-17.429	-17.946
政府补助		0.590**	0.557**	0.590**
税收优惠		-10.760**	-11.031*	-19.072*
企业生命周期		-7.004*	-9.093*	-7.613**
政府补助*企业生命周期			0.064***	
税收优惠*企业生命周期				-45.738***
调整后的R^2	0.374	0.480	0.561	0.522
F	13.685	15.743	35.791	34.266

注:"*""**""***"分别代表10%、5%和1%显著性水平,下同。

模型1为只加入控制变量的基准模型,模型2为在基准模型基础上,加入政府补助、税收优惠两个解释变量及企业生命周期调节变量后的主效应模型,模型3和模型4在模型2的基础上分别加入交互项"政府补助×企业生命周期"和"税收优惠×企业生命周期",用来检验政府激励对不同生命周期阶段企业创新绩效和财务绩效影响的差异性。从回归的结果看出,所选择的4个回归模型不论从拟合优度还是F值都较好地通过了显著性检验,拟合程度较为理想。

在基准模型下,控制变量对创新绩效的解释程度是0.374;加入解释变量与调节变量后的模型2,对创新绩效变化的解释程度显著提高到0.480,说明研究选择的解释变量与调节变量能很好地解释因变量的变化。从表5.1中的模型2中可以看出,政府补助和税收优惠前的系数为0.590和-10.760,且在5%的水平上显著,由此可证明前文的假设H1和假设H2。

为了验证政府补助对不同生命周期下企业创新绩效的影响存在差异,表5.1的模型3和模型4在模型2的基础上分别加入了"政府补助×企业生命周期"和"税收优惠×企业生命周期"变量。观察结果后发现,模型3和模型4中被解释变量的解释程度进一步提高,交互项"政府补助×企业生命周期"与企业创新绩效显著正相关($\beta=0.064$,$p<0.01$),说明政府补助对不同生命周期企业创新绩效的影响存在差异,且政府补助对成熟期企业创新绩效的激励作用优于成长期企业,则假设H5未证实。同样,从表5.1模型4可以看出,交互项"税收优惠×企业生

命周期"与企业创新绩效显著负相关（$\beta = -45.738$，$p < 0.01$），说明税收优惠对成长期与成熟期企业创新绩效的激励作用有差异，即税收优惠对不同生命周期阶段企业创新绩效的创新绩效影响不同，且税收优惠对成熟期企业创新绩效的激励作用强于成长期企业，假设 H6 得到验证。

5.2.2 政府激励对企业财务绩效影响的检验

为验证本研究提出的假设，根据实证研究模型，讨论不同生命周期下政府激励对企业财务绩效的影响，进行多元线性回归分析，具体结果如表 5.2 所示。

表 5.2　财务绩效的多元线性回归分析

创新绩效	模型 5	模型 6	模型 7	模型 8
常数项	-6.482*	-12.634*	-12.801*	-11.830*
所有权性质	-10.137**	-8.085*	-8.080*	-8.187*
企业规模	18.178*	26.489*	26.624**	25.368*
企业年龄	-17.255*	-27.737*	-28.159*	-25.547**
企业类型	13.145*	6.749**	6.078*	5.575*
政府补助		2.177**	1.579***	2.092***
税收优惠		-31.243**	-31.287**	-14.299**
企业生命周期		6.754*	6.995*	6.432*
政府补助 × 企业生命周期			-1.118**	
税收优惠 × 企业生命周期				-41.348**
调整后的 R^2	0.352	0.458	0.540	0.535
F	16.736	26.724	24.611	25.681

在表 5.2 中，被解释变量是企业财务绩效，模型 5 的回归分析中仅包含控制变量。其中，控制变量均与财务绩效间有显著线性相关关系，调整后的 R^2 为 0.352，说明模型 5 方程的拟合优度较好。可以看出，高新技术产业中所有权性质和企业年龄对财务绩效有明显的负向影响，企业规模正向影响财务绩效。

从模型 6 回归结果中可以看到，政府补助与企业财务绩效呈显著正相关关系（$\beta = 2.177$，$p < 0.1$），说明政府补助有利于促进企业财务绩效的增长，假设 H3 得到验证。另外，模型 6 中税收优惠与企业财务绩效显著负相关，即企业的实际所得税率越低，企业享受的税收优惠额越高，企业的财务绩效越高（$\beta =$

-31.243，$p<0.05$），假设 H4 证实。

为验证不同生命周期下，政府补助和税收优惠对企业财务绩效影响的区别。模型 7 和模型 8 在模型 6 的基础上分别加入"政府补助×企业生命周期"和"税收优惠×企业生命周期"两个变量。分析两个模型，同样可以发现模型的解释程度有所提高。从模型 7 可以看出，交互项"政府补助×企业生命周期"与企业财务绩效显著负相关（$\beta = -1.118$，$p<0.05$），说明政府补助对成长期与成熟期企业财务绩效的激励作用存在差异，且政府补助对成长期企业财务绩效的激励作用强于对成熟期企业的激励作用，由此可以验证假设 H7。在模型 8 中，税收优惠（即实际所得税率）与企业财务绩效显著负相关（$\beta = -14.299$，$p<0.05$），即企业实际所得税率越低，能够享受到的税收优惠额就会越高，越有利于促进企业财务绩效的增长。交互项"税收优惠×企业生命周期"显著为负（$\beta = -41.348$，$p<0.05$），说明相较于成长期企业，税收优惠对成熟期企业财务绩效的激励作用更明显，即假设 H8 得到验证。

5.3 研究结果及分析

5.3.1 研究结果

本研究共提出 8 个假设，除假设 H5 外均得以证实。假设 H1 和假设 H2 的证实，为之前有关于政府补助和税收优惠对企业创新绩效存在影响的研究提供了进一步的证明。研究证明，我国政府补助和税收优惠正面促进了高新技术产业上市公司创新绩效的增长；而假设 H3 和假设 H4 验证了政府激励中的政府补助和税收优惠政策对企业财务绩效的促进成果显著。

假设 H1～H4 证实了政府激励与企业绩效间存在显著的相关关系，在此基础之上，通过在模型中逐步加入交互项"政府补助×企业创新绩效""政府补助×企业财务绩效""税收优惠×企业创新绩效""税收优惠×企业财务绩效"，检验政府激励对不同生命周期阶段企业绩效的不同作用。从回归结果中可以看出，假设 H5 未被验证，即政府补助并未对成长期企业创新绩效有更好的激励作用，企业生命周期未发挥调节作用。假设 H6～H8 的证实验证了企业生命周期在政府补助与财务绩效及税收优惠与财务绩效和创新绩效关系中的调节作用。即相较于成熟期企业，政府补助更有利于成长期企业财务绩效的增长，而税收优惠对成熟期企业创新绩效和财务绩效的激励作用更明显。

5.3.2 研究分析

针对未验证的假设 H5，联系我国具体环境，本研究认为假设未证实的原因主要有以下方面。

本研究在构建创新绩效指标体系时，创新产出指标用的是企业专利申请数，表现为企业不同年份专利申请数的不同，强调的是专利数增量上的变化，并没有除以企业规模或人数，无法代表企业单位专利产出的能力。

成长期阶段企业的创新产出能力低于成熟期企业。政府对行业技术水平、知识存量越高的企业支持效果越好[100]。相较于成长期企业，成熟阶段企业有着完备的内部体制、丰富的专利申请经验和社会资源，且企业搜索、吸收、整合外部知识的能力明显增强，尤其是企业吸收能力的提高最为明显[101]。同时，成熟期企业规模不断扩张，为继续保持在市场竞争中的有利地位，企业积极与外部知识源保持密切的双边或多边关系，保证企业能够实时获取有效的新知识。企业与外部知识源间联结能力越强，企业抗风险能力也逐渐增强，对创新绩效的影响也越来越明显。

政府补助通常不是普惠性质的，需要企业自主申请后，经由政府按相关规定进行评估，从中选择符合要求的企业作为补助对象。获得过政府补助的企业再次申请补助时，由于企业已有相关经验，能够为企业简化申报过程，降低申请成本。同时，政府出于对企业的了解程度和企业获得补助后实力变化等因素的考量，选择补助对象时更侧重于选取已获得过补助的企业。可以看出，成熟期企业连续享受到补助的概率大于成长期企业。

5.4 本章小结

本章将 2013—2016 年高新技术产业的上市公司作为研究样本，使用固定效应模型分析所选取的非平衡面板数据，验证前文提出的研究假设，并进一步展开讨论，分析结果以得出相应结论。从回归结果看，本研究证实了政府激励对企业绩效存在的正向激励作用，以及企业生命周期在政府激励与企业绩效关系间的调节作用。

6 研究结论与政策建议

本研究从企业生命周期理论的角度出发,对政府激励与企业绩效间的关系展开讨论,并应用多元线性回归法研究二者关系的作用机制,得出研究结论,为政府机构提出政策制定时应考虑的问题。

6.1 研究结论

不断提高政府补助的额度有利于企业创新绩效和财务绩效的增长。政府直接向企业提供补助,能够有效保障创新活动的顺利展开,降低研发创新成本,有利于促进企业绩效的增长。政府给予企业补助的同时会给企业提供相关项目的指导和帮助,降低企业由于信息不对称带来的研发风险和不确定性,调动企业自主研发的积极性。补助是政府对企业的直接经济刺激,有利于改善企业财务状况、扩展市场和提高市场占有率,进而提高企业财务绩效。

税收优惠有利于激励企业创新绩效和财务绩效的增长。减轻税负相当于政府为企业分担了部分创新风险,降低未来现金流的不确定性,打消了企业对创新风险的顾忌。同时,税收优惠是一种稳定性和连续性较强的普适性激励工具,为企业提供了较少限制和更多自主性的环境,让企业在遵守规定的同时做出最吻合自身发展要求的决策,有效地发挥政策促进作用,激发企业绩效增长。

企业生命周期能有效调节政府补助与企业财务绩效间关系,且相较于成熟期企业,政府补助对成长期企业财务绩效的促进作用更明显。不同生命周期阶段的企业拥有不同的特征,成长期企业享受到政府补贴资金补助后,主要用于扩张企业规模,投资能够促进企业生产经营、激励企业财务绩效增长的项目;而处在成熟阶段的企业,由于自身有稳定的现金流,额外的政府补助往往会导致企业盲目投资,影响企业经营效率。

税收优惠对成熟期企业绩效的激励要优于对成长期企业绩效的影响。目前,我国税收优惠政策采取的是事后优惠方式,优惠政策对企业绩效的作用情况与企业自己的盈利能力密切相关，税收减免额将直接转化为创新投入和生产经营的一部分，也就是说营业利润越高的企业享受的税收优惠强度也就越大。成熟期企业总体财务状况良好，较高的应纳所得税额能够有效地发挥政策对企业绩效的促进作用；而成长期企业将重点放在企业创新能力的提升上，通过不断创新产品占据市场份额，因此这一阶段企业需要持续的资金投入，且由于创新成功转化慢，不能及时有效地为企业带来利润，盈利能力远远低于成熟期企业，最终不利于税收优惠政策发挥激励作用。

6.2 政策建议

在激烈的国际市场竞争环境中，我国想要在国际市场上处于领先地位，建设创新型国家是当务之急。而要实现创新型国家的目标必须重点发展创新型企业，除企业自身努力外，构建创新企业还需外部政府激励政策的相互配合。政府激励政策是影响企业持续发展的核心因素之一，政策是否适宜对企业的生产和经营特别重要。因此，本研究结合已有理论知识和得出的研究结论，关于我国政府政策制定提出如下建议。

6.2.1 加大扶持力度，转变资助方式

政府补助有利于促进企业绩效增长，提高企业创新和生产积极性。我国已逐渐认识到政府补助给企业带来的积极影响，并不断加强对企业的补助力度，但与发达国家间还存在一定的差距，补助金额与研发投入所需资金间的缺口较大。因此，政府应继续增加有关企业研发的扶持力度，保障企业创新活动能够顺利开展，尤其应增加对成长期企业的补贴。目前，我国成长期的高新技术产业上市公司规模整体偏小，产品销售收入少，面临资金短缺等问题，这一阶段的企业能将获得的政府补助的效用发挥到最大。企业从成长期步入成熟期的过程中，资金需求也在不断地增加，补助金额与企业实际需求资金间的缺口也随之扩大，导致政府补助效应迅速递减。

因此，应将政府补助对不同生命周期企业的资助效用作为部署扶持资金时考虑的核心因素。对政府补助资金合理调整，降低成长期企业遇到的新技术转化、新产品市场，以及企业管理上的风险，设立针对成长期企业的补助专项资金。同时由于成长期企业资信较低、缺少担保等原因，企业很难获得银行贷款和融资担保，为提升政府补助效应，需要改变政府直接资助方式，利用政府补助的杠杆作

用撬动更多的外部资源投入到企业中。

而且,政府对上市公司增加补助力度可以将企业利好的信号传递给股东,刺激股票价格上涨,有利于企业在融资时确定一个较高市盈率的增发价格,进而减小融资成本,获得更多的资金。同时,股票价格上涨也能够向市场反映公司的业绩优良,有利于提高企业知名度,提升市场地位,促进企业发展等。

6.2.2 构建按生命周期阶段进行最优补贴时机的管理机制

成长期企业由于融资渠道少,对政府补助的需求强度高于成熟期企业。因此,政府应改变传统的"一刀切"补助方法,考虑企业类型和生命周期阶段,并结合企业的市场环境、内部结构等因素后再决策,有利于提高补助精准度,高效发挥对企业绩效增长的促进作用。

具体可推行的措施包括:首先,构建分类管理数据库。政府应协同相关部门建立针对高新技术产业上市公司的政府补助资金管理数据库,按照企业生命周期的不同分类管理,搭建根据不同生命周期阶段对企业的最优补助管理平台。其次,建立分类审核机制。以公平、公开原则为基础,对申请政府补助的企业采用按生命周期分类审核的方式,实现精细化管理,提升企业创新能力。最后,分类审核后针对不同阶段企业采用不同的事前、事中相结合的补贴模式,即对成长期企业多采用事中补贴,对成熟期企业多采用事前补贴,最大限度保证政府补助对创新能力的促进作用。

6.2.3 兼顾创新周期,建立政策执行追踪机制,形成完整激励体系

政府补助虽然短期内能解决企业研发过程中的"燃眉之急",但企业创新是一项伴随全生命周期的活动,需要资金的持续投入。因此,应考虑建立阶段性和长期性的创新研发评估机制,综合考虑各环节的激励效用,通过比较各环节的效用来优化政府补助的制度体系,确保企业长期的研发创新积极性,不断提升创新高度。

政府激励政策对企业的作用是从创新主体、行业认定再到政策落实的一系列的复杂过程,各环节都要做到无隙可乘。因而,需构建一套完整的政府补助激励体系,从创新主体的资格认定、行业认定、政策落实、事后反馈4个阶段建立专业化部门,由专人来负责相应内容,将政府补助资金在企业内的具体流向透明化,督促企业主动开展创新活动,发挥公共资源的最大效益。同时,各独立部门应加强沟通,向上级实时反馈政策的执行效果,避免补助过程中出现信息不对称和寻

租行为。设立不同创新主体和行业的专有数据库，长期追踪创新主体并定期进行横纵向比较，保持良好的信息反馈渠道，正向推动激励作用，反向为创新补助政策的制定提供参考性意见。

6.2.4 扩大政策优惠面，提升税收优惠政策的精准度

我国税收优惠政策应明确产业导向，扩宽享受激励政策的创新主体范围，使更多创新主体取得享受税收激励政策的许可，重视有利于高新技术产业升级的创新活动，使产业与创新形成联动。其一，应加强对知识密集型和技术密集型产业的扶持力度，提高潜力行业的研发费用扣除比例，提供技术支持，加快研发成果市场化进度；其二，对拥有创新活动和能获得优秀科技成果的组织提供税收优惠，优惠申报可以以专利形式或资格认定的方式提出，有利于减少因经营规模带来的条件约束；其三，税收政策的优惠力度可依据具体的创新活动和成果，以抵扣和减免的不同方式实现差别税制优惠，该方法对成长期企业扩大规模有所帮助。

尽管政府对高新技术产业实行特殊税收优惠政策，然而由于高新技术产业包含多种不同类型行业，且每个行业的发展特征各异，对税收优惠的需求自然也会有所不同。因此，税收优惠的实行应结合具体行业特征考虑，将普惠与特惠相互贯穿，保证政策优惠能准确惠及创新性企业。同时，税收优惠要尽可能因"企"制宜，制定所得税优惠政策时侧重政策的针对性和实效性，通过加大税率优惠与加计扣除等方式提升政策优惠力度，转变划一的优惠方式，并结合企业创新水平和自身研发投入的多少确定相应的优惠政策。

6.2.5 建立专门针对企业科技创新系统性税收政策体系

目前，我国的税收优惠政策侧重于激励成熟期或利润较高企业的创新，对成长期企业优惠力度小甚至没有，不利于我国企业的均衡发展。我国政府应该增强对成长期企业的扶持力度，具体可通过增加资金投入规模、提升资助比例等方式，有效降低创新研发风险，促进企业创新主动性。同时，建议扩宽税收优惠适用条件，如通过延期纳税、税额减免等措施，给企业提供适宜发展的外部优惠环境，让更多处于成长阶段的企业能够切实享受到优惠，鼓励更多的企业投入到技术创新中。

每个创新成果的产生都需要经历一个从研发到市场推广的过程，过程中会遇到许多障碍，且现有税收优惠关注点集中在创新成果转化这一阶段，适用于创新产品研发、试制阶段的政策非常少。因此，应建立贯通研发到成果转化的整套周

期性税收政策,利用税收政策促使企业长期投资创新活动,根据不同创新时期的特点给予分阶段式的税收政策,增强各阶段税收政策的内在关联与相互协调性,降低综合风险,加强激励政策的体系化,有利于企业实现更多的创新成果转化。

6.2.6 转变税收模式,多种税收优惠手段互相配合

创新活动是一项高风险、高资金需求的企业活动,这使得企业开展创新时十分慎重,不利于企业创新绩效增长。因此,政府应通过增加税收抵扣项目来提升企业创新积极性,具体措施有:①对高新技术产业开发投资的损失予以税前扣除或税前抵免的优惠;②企业发生在之前年度的亏损,弥补期可以适当延长;③摆脱政策地区限制,对符合国家产业政策发展方向的优秀项目应视同一律给予优惠;④推行再投资退税制度,将税收利润用于创新和生产的企业,可以按投资额的一定比例予以退税返还;⑤对发生实质性亏损的企业,如果所处行业属于国家产业政策支持的行业且属于阶段性亏损的,政府应在一定时期内对企业执行特别税收优惠政策。

目前,我国的税收优惠政策以侧重于事后鼓励的直接税收优惠为主,企业享受优惠的力度受所得税率的影响较大,而发达国家的税收优惠是间接税收优惠为主的事前扶持,通常用于创新的前期阶段。相较而言,国外税收优惠方式能直接将研发费用从当期应纳税所得额中扣除,对调动企业创新积极性有促进作用,且能更好地反映出政府促进企业创新的政策意图。因此,我国税收优惠政策应向税收抵扣模式转变,直接减免企业应纳税所得额,降低企业研发成本,有效激发企业创新、生产的主动性。

6.3 研究展望

在已有理论基础与研究的基础上,运用上市公司数据对假设进行了检验,但文中仍存在一些不足,需要在往后研究中深入讨论。

本研究的研究对象只针对了高新技术产业上市公司。因为在构建企业绩效指标体系时,其中包含反映创新绩效的重要衡量二级指标——企业专利数,为保证企业有一定的专利数量,本研究选择了创新能力较高的高新技术产业,研究结论在一定程度上有行业特征性,之后研究中可考虑扩大研究样本的行业范围,进一步提高结论的普适性和可信度。

我国证监会对上市公司在研发投入的信息披露没有明确、强制的明文要求,

而且上市公司注重对研发支出信息的保密，导致一些公司财务报表内未披露研发信息，造成本研究样本量的缺失，对实证研究有所影响。对发生了研发活动但未披露的企业，我们由于无法获取到数据而不能展开研究，这使得本研究的研究结果无法涵盖所有高新技术上市公司。在往后研究中，应继续完善相关指标，找到能够准确衡量企业创新绩效且可获得性更好的指标。

实际环境下，企业绩效受到政府激励政策等外在因素影响的同时，还会因为自身内部因素的作用而发生改变。未来研究中可以对内外部因素如何协同政府激励政策作用于企业绩效展开深入讨论，讨论企业不同生命周期阶段里还存在哪些关键性影响因素。

中篇 政府激励、生命周期与创新绩效——行业类型差异

7 绪 论

7.1 研究背景及意义

自改革开放尤其是20世纪末以来,我国实现了经济的高速发展,进入到工业化中后期,从一个制造业中等规模国家发展为位居世界第一的全球制造业大国。然而我国生产性服务业发展较滞后,不仅与发达国家相比,存在总量比重小、结构不合理和市场化程度低、进入壁垒高等差距,而且也滞后于我国制造业的发展。

现阶段,我国制造业发展也面临着从高速增长到高质量发展转变的重要关口。习近平总书记在党的十九大报告中也明确指出,我国要坚定不移地建设制造业强国,促进传统制造业优化升级,推进我国制造业迈向全球价值链中高端。

创新不仅是企业提升竞争力、实现生存和可持续发展的重要手段[57],也是实现制造业与服务业向高质量发展与转型升级的有效途径。不同产业内企业创新绩效的提高不仅依赖于自身的努力,而且需要政策的支持。我国推出一系列财税激励政策引导企业开展创新活动,其中,政府补助和税收优惠是最常用的两种激励工具[58],而这两种激励工具的支持对象存在较大的行业差异,如政府补助的重点行业为制造业、采矿业、电力、热力等行业,但对于信息传输、软件和信息技术服务业等新兴行业的支持力度较小[102];从税收优惠来看,研发费用加计扣除主要针对企业的创新行为[103],所得税率优惠则具有向区域、行业与小微企业倾斜的特点[104]。

在考虑行业类型差异时,不同的财政激励政策对企业创新的影响有显著差异[12][105],不同生命周期阶段的企业有着不同的创新强度和创新需求,给予不同类型的政策支持,激励效果也存在异质性[106]。因此,考虑企业所属行业的差异,研究政府激励、企业生命周期与企业创新绩效的内在逻辑关系,对于政府针对不同行业选择相应的激励政策有重要的现实意义。

7.2 相关研究综述

与本研究相关的文献的主要内容包括：政府补助、税收优惠对企业创新绩效的影响；不同行业类型下政府补助、税收优惠对企业创新绩效的影响。

7.2.1 政府补助、税收优惠对企业创新绩效的影响

按照企业现有知识或技术路径的偏离程度、市场细分偏离程度[107]，可以将企业的创新绩效分为开发性创新绩效和探索性创新绩效。不同生命周期企业的发展目标、面临的风险和创新环境不同，则企业所关注的创新绩效也会存在差异，政府激励的作用也有所差异。

一些研究者分别探讨政府补助与税收优惠对企业创新绩效的影响，Yu[108]认为政府补助能在短时间内引导企业增加探索性创新绩效产出，Beck等[109]、曾萍等[110]发现政府支持只对企业的探索性创新绩效有显著激励效果，Yang等[23]认为政府补助与企业创新绩效呈负相关关系，Xu等[25]认为税收优惠通过减轻企业研发机构的费用提高了企业的创新绩效，但李维安等[27]发现税收优惠对高新技术企业的创新绩效作用不明显。另外一些研究综合考虑政府补助和税收优惠对企业创新绩效的影响，如周海涛等[12]研究得出政府补助和税收优惠与企业创新绩效显著正相关，进一步研究得出政府补助和税收优惠对成熟期企业的激励作用最大，对初创期、成长期和衰退期企业的激励作用依次减弱[37]。

7.2.2 不同行业类型下，政府补助、税收优惠对企业创新绩效的影响

在不同行业类型下，政府激励对企业绩效的作用存在差异，邱国斌等[111]基于2009—2014年江西省A股上市企业的面板数据展开研究得到，政府补助对制造业企业的绩效产生了消极影响，对非制造业企业绩效有着积极的提升作用。李子珺[112]利用农副食品加工业、交通运输设备制造业、煤炭开采与洗选业、电力热力的生产和供应业、化学原料及化学制品制造业、医药制造业等6个行业面板数据进行研究，得到政府补助对于这6个行业的企业创新绩效具有不同的投入产出系数，影响效应也存在显著差异。有的研究者发现，政府补助对所有行业企业的绩效并无显著促进作用，但政府补助与研发投入的交互作用对化工行业企业的绩效产生显著的正相关关系[113]。

林学梅[114]以环保行业的上市公司为研究样本，发现政府补助能有效地促进企

业创新项目，但税收优惠却抑制了企业的创新项目投资。胡宜挺、梁丹霞[115]以电力行业的上市公司为研究样本，发现政府补助降低了获助上市公司的绩效。张俊瑞等[104]研究发现，研发费用加计扣除政策能够提升高新技术企业创新效率，而对非高新技术类企业创新效率没有显著影响；所得税优惠政策并不能显著提高高新技术企业的创新效率。

7.2.3 研究评述

通过以上分析可以发现，现有文献分别探讨了政策激励对企业创新绩效的影响及不同生命周期阶段企业创新绩效的差异性，部分研究者也展开了行业差异下政府激励对企业创新影响的研究，这些研究为该方向的后续研究奠定了理论基础。整体来看，现有研究缺少从行业类型差异的角度入手，探讨政府激励影响不同生命周期阶段企业开发性创新绩效与探索性创新绩效的影响，由于所使用的数据和方法差异，得出的结论甚至存在方向性差异。本研究将企业创新绩效划分为开发性创新绩效与探索性创新绩效，分析政府补助和税收优惠对不同生命周期阶段企业不同类型创新绩效的影响，并基于制造业和服务业数据探讨这两种政策工具对不同行业、不同生命周期阶段企业创新绩效影响的差异性。

8 研究假设与概念模型

8.1 研究假设

根据已有研究文献的研究结论及本研究的研究目标,拟从以下几个方面提出相关的研究假设。

8.1.1 政府补助、生命周期与企业创新绩效

政府是国家创新制度的重要设计者,中国资本市场又处于政府严密管控的状态下,政府的激励政策必然会对企业创新行为产生重要影响[116]。其一,企业与投资者之间的信息不对称导致了企业创新外部融资约束[73]。不同生命周期阶段的企业融资约束程度有明显差异,其中成长期企业融资约束程度最大,成熟期企业最小[74]。政府补助某种程度上代表了企业在市场的声誉,具有信号传递作用。当政府补助信号被外部投资者接收,有助于企业进行债务融资和股权融资,缓解融资约束,帮助企业从资本市场获得更多的创新资金[117]。因此,可以推测政府补助对缓解不同生命周期阶段企业融资约束的效用不同,对于融资约束高的成长期企业,政府补助扩宽了企业融资渠道,但对于成熟期企业,企业融资约束少、融资渠道多,政府补助的效用可能相对较低。其二,企业创新具有高风险性和正外部性,我国的知识产权保护还存在一定缺陷,政府补助可以有效地降低企业研发成本,提高企业的预期收益率,补偿创新正外部性带来的成本与收益风险[118]。同时政府补助可以充实企业创新资金,降低企业创新风险。其三,在生命周期不同阶段,外部创新资金供应往往与企业创新资金的需求不匹配,政府补助金额与企业创新资金需求之间存在不同程度的缺口,且各个阶段政府补助对企业各项能力发展的促进作用不同。鉴于以上分析,可以认为政府补助对不同生命周期阶段企业的创新激励效果不同。

鉴于资源的有限性,企业往往需要在开发性创新和探索性创新间进行取舍。

探索性创新在技术上有巨大改变，可以满足新市场和新客户的需求，打破现有产业格局，但需要付出较长的研发时间、结果不确定性高、远离组织现有行为[119]。相反，开发性创新对现有技术及市场的改变相对较小，能较好地维持企业已有优势，创新结果更具有确定性、更快取得成果、反馈更清晰[120]。一个企业如果将更多的财力投入到开发性创新活动中就会相应减少在探索性创新活动上的投入，反之亦然[121]。不同生命周期阶段，企业的业务特点与创新需求不同，如成长期企业资本实力较弱、生产成本较高、管理模式和组织结构还不成熟，市场认可度提升和市场拓展是这一阶段企业生存的关键[72]，即企业会以开发性创新为重点，以获得即时回报为目的，不断增加产品类型，利用批量生产、销售和分销等方式，扩大经营规模和增加主营业务收入[118]；而步入成熟期的企业，资金比较充裕，以探索性创新为重点，以远期技术突破为目的，致力于开发新产品、挖掘新的市场需求、开拓新的市场。当企业同时进行开发性创新和探索性创新时，在这两种创新方式间势必要争夺有限的企业资源，特别是资金[122]。因此，能否将有限的资源在这两种创新方式之间有效分配，会直接影响企业创新绩效与长期发展。综上分析，提出如下假设。

H1：政府补助对不同生命周期阶段企业创新绩效的影响存在差异。

H2：政府补助对企业的开发性创新绩效有促进作用，且对成长期企业的作用高于成熟期企业。

H3：政府补助对企业的探索性创新绩效有促进作用，且对成熟期企业的作用高于成长期企业。

8.1.2 税收优惠、生命周期与企业创新绩效

不同生命周期阶段的企业享受税收优惠的程度存在显著差异[76]。一方面，实施税收优惠政策可以降低企业研发活动的成本，进而刺激企业加大研发投入，积极从事研发活动[123]。而研发活动产生的创新成果又可以加大企业税收优惠强度，如此形成的良性循环有利于企业创新产出的增加。现阶段，为鼓励企业创新活动，国家实施的税收优惠政策主要包括针对流转额的增值税、营业税、关税减免及针对所得额的所得税减免。据国家税务总局的数据，截至2017年7月，我国针对创新主要环节和关键领域陆续推出了44项税收优惠政策，其中所得税优惠政策有29项。另外，科技部的统计数据也显示，2015年，国家高新区企业享受的所得税优惠减免额占其总税收优惠减免额的55%。从融资的角度来看，所得税税收优惠减免额是企业研发活动的一种外部融资资金，那么税收优惠政策的实施效果会取决

于对企业所得税减免额（即融资收益）和为获得所得税优惠而增加的管理费用（即融资成本）间的权衡[77]。处于成长期的企业应纳税所得额较少，从税收优惠政策获得的融资收益无法补偿融资成本，故很难起到增加研发投入与创新绩效的作用；而进入成熟期的企业，企业应纳税所得额增加，税收优惠政策带来的融资收益高于融资成本，税收优惠对该阶段企业的创新绩效激励效果明显。另一方面，税收优惠通过减轻纳税义务来引导企业不断开展创新活动。税收优惠主要表现为企业税后利润的增加。成长期企业盈利能力有限，利润总额较少甚至为负数，税收优惠对该类企业创新的激励作用会较差；而成熟期企业业务规模与收入均比较稳定，盈利能力较强，税收优惠的激励作用会较好。相关研究也证实税收优惠可以有效促进处于发展速度缓慢阶段（如成熟期等）企业的创新，但对成长阶段企业的创新作用不显著[78]；对于财务状况较差的中小企业，税收优惠政策不会对其创新起到激励作用[124]。因此，可以认为税收优惠对不同生命周期阶段企业创新的激励作用不同。

以所得税为主的税收优惠并不能使所有的创新型企业受益，税收优惠采取事后优惠的方式，侧重鼓励企业创新成果转化环节，而不是企业创新全环节[78]，即只有当企业创新成功并将其转化为产品时，企业才能从税收优惠中获益。一方面，所得税优惠强调的是产生利润后的税收减免，优惠强度与企业经营效益直接相关，对引导企业技术创新和科研开发的作用较弱[125]，只有那些能够获得利润的企业才能从税收优惠中获益。另一方面，相较于探索性创新，开发性创新更容易成功并获利[126]，那些大量从事开发性创新的企业更容易受益于税收优惠。因此，对于注重创新成果积累、创新成果转化尚未获取丰厚利润的成长期企业，税收优惠促进创新的作用不足；对于已取得可观市场份额、利润丰厚稳定、重视开拓新市场的成熟期企业，税收优惠有利于其增加开发性创新绩效。根据上述分析，可提出以下假设。

H4：税收优惠对不同生命周期阶段企业创新绩效的影响存在差异。

H5：税收优惠对企业的开发性创新绩效有促进作用，且对成熟期企业的作用高于成长期企业。

H6：税收优惠对企业的探索性创新绩效有促进作用，且对成熟期企业的作用高于成长期企业。

8.1.3 不同行业类型下政府激励、生命周期与企业创新绩效

我国制造业取得了举世瞩目的成就，是国民经济发展的重要支撑。随着经济

发展，服务业比重也不断上升，制造业和服务业领域的创新活跃极大带动了我国国际竞争力的提升。已有研究发现，服务业创新模式从形式到内容都与制造业差别较大，如在创新投入上，服务业会有更多的人力资本投入，制造业则更强调实物资本的投资。在资本密集度较高的制造业中，R&D投入正向促进产业创新绩效的作用并不显著[127]，政府通过补助或税收优惠的方式间接增加R&D投入，进而提高产业创新绩效的作用会非常有限。而政府政策支持对知识密集型服务业创新绩效影响显著。另外，不同产业发展阶段，政府支持的作用存在差异，在技术开发阶段，政府支持对产业创新绩效有负向的影响；而在成果转化阶段，政府支持对产业创新绩效具有"正U形"关系[128]。我国制造业和服务业的发展速度不同，所处产业发展阶段不同，对政府支持的要素需求不同，则创新绩效也不相同。根据上述分析，提出以下假设。

H7：政府补助与税收优惠对不同产业内不同生命周期企业创新绩效的影响不同。

8.2 概念模型

本研究概念模型中主要涉及的变量有：解释变量、被解释变量、调节变量和控制变量。根据已有理论基础及前面的研究假设分析，确定了本研究的解释变量为：政府补助与税收优惠；被解释变量为开发性创新绩效与探索性创新绩效；调节变量为企业生命周期，区分成长期与成熟期；控制变量主要包括企业规模、企业年龄与企业所有权性质。

综合以上分析，构建本研究的基本概念模型，如图8.1所示。

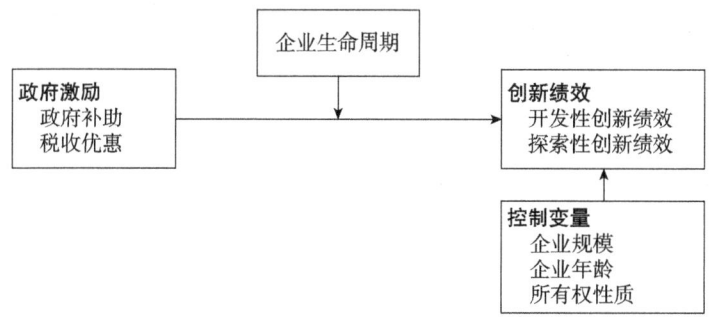

图8.1 基本概念模型

9 研究设计

9.1 研究样本的选取

在样本选择过程中，主要考虑了如下 3 个条件：创新活动频繁且有一定的创新绩效；能够享受政府补助与税收优惠；企业有代表性[①]且所有权性质分布均衡，可获得企业数据。

通过筛选，本研究选择沪深交易所 A 股上市的国家"十二五"重点扶持产业目录中服务业和制造业的六大行业为研究对象，其中服务业包括：信息传输、软件和信息技术服务业，交通运输、仓储和邮政业；制造业包括：计算机、通信及其他电子设备制造业，医药制造业，汽车制造业，铁路、船舶、航空航天和其他运输设备制造业。这六大行业内的企业具有技术更新快、产品附加值高、创新意识强、创新频率高、政策支持力度大等特征，能够较好地满足研究需要。为了增加样本的可比性，筛选掉没有同时享受政府补助和税收优惠的企业，剔除样本中数据异常公司，如 *ST、ST 及退市公司等，最后确定了 475 家样本公司。本研究以 2012—2014 年作为政策激励观测点，考虑政策激励对企业创新行为的滞后性，在实证分析过程中，开发性与探索性创新绩效分别按照滞后一年与两年收集数据。专利数据来自国家知识产权局专利数据库，其余数据均来自万得资讯。

---

① 统计分析过程中为了保证参数估计值的稳定性，样本量应当为纳入模型的解释变量个数的 20 倍以上（张文彤. SPSS 统计分析高级教程 [M]. 北京：高等教育出版社，2004.）。本研究解释变量数为两个，因此，选择的行业样本数至少为 40 家才可以保证回归效果。

9.2 变量界定与测量

9.2.1 被解释变量的界定及其测量

前期的研究，学者们通常使用主观数据衡量创新绩效，如 Poorkavoos 等[129]通过向企业竞争对手发放问卷来获得企业的开发性创新绩效和探索性创新绩效，张峰等[130]分别设计了 4 个与 3 个题项来测量探索性与开发性创新绩效。近几年来，一些学者考虑数据的客观性与代表性，提出用专利数据衡量开发性与探索性创新绩效，如徐露允等[131]基于专利分类号数据、杨雪等[132]用不同类型专利申请数来衡量企业开发性创新绩效和探索性创新绩效。

考虑到发明专利对于市场来说是新的开发，需要较广的知识整合，可体现企业的探索性创新成果；实用新型与外观设计专利多集中于技术改进，可体现企业的开发性创新成果。[133]因此，借鉴这些学者的观点，用发明专利数衡量探索性创新绩效，用实用新型与外观设计专利数衡量开发性创新绩效。考虑到政府激励对企业创新成果产出影响的时间滞后性，本研究采用滞后一年期的实用新型与外观设计专利数、滞后两年期的发明专利数进行实证分析。

9.2.2 解释变量的界定及其测量

解释变量包括政府补助与税收优惠。其中，政府补助数据来源于样本公司年度报告中营业外收入的政府补助部分；借鉴胡华夏等[58]的观点，并结合企业实际享受税收优惠情况①，税收优惠主要考虑所得税优惠部分，不包括增值税返还、税费返还等其他项目。由于行业内企业所得税税率不同，故用实际所得税率（即所得税费用除以息税前利润）来测度所得税的税收优惠强度，该值越小说明税收优惠强度越大。

9.2.3 调节变量的界定及其测量

Dickinson[7]将企业生命周期划分为初创期、成长期、成熟期、动荡期和衰退

---

① 据《国家税务总局发布的"大众创业　万众创新"税收优惠政策指引》，成长期与成熟期企业创新活动所享受的税收优惠措施共 83 条，其中与所得税优惠相关的税收优惠措施占 87.95%，即企业创新活动所享受的税收优惠主要来自所得税减免。

期 5 个阶段,通过企业的经营现金流、投资现金流和筹资现金流 3 个指标的不同组合判断企业所处的生命周期阶段。经营、投资与筹资活动的现金净流量可分别反映企业的获利能力、成长潜力与承担风险能力,运用不同活动现金净流量的组合信息构建企业生命周期的代理变量,无须对生命周期的分布进行假设,能够体现现金流与生命周期的非线性关系。

考虑我国对上市公司的要求,能够通过 A 股上市审核的公司基本度过初创期,所以本研究将初创期和成长期合并为成长期,将成熟期和动荡期企业特征接近的样本划分为成熟期。[98]因此,借鉴 Dickinson[7]基于现金流的企业生命周期划分方法,确定了划分样本企业属于成长期与成熟期的现金流组合类型,如表 9.1 所示。

表 9.1 划分企业成长期与成熟期的现金流组合

活动类型	生命周期				
	成长期		成熟期		
经营活动	−	+	+	−	+
投资活动	−	−	−	−	+
筹资活动	+	+	−	−	+

表 9.1 反映出成长期企业的现金净流量具有如下特征:经营与投资活动为流出、筹资活动为流入或经营与筹资活动为流入、投资活动为流出;成熟期企业的现金净流量具有如下特征:经营活动为流入、投资与筹资活动为流出或经营、投资与筹资活动均为流出或经营、投资与筹资活动均为流入。以此为标准判断企业所处的生命周期阶段。

本研究以成长期和成熟期为实证分析过程的调节变量,设置虚拟变量,成长期企业定义为 0,成熟期企业定义为 1。

9.2.4 控制变量的界定及其测量

相关研究发现企业规模、年龄和所有权性质会对创新绩效造成影响,[37]本研究选择这 3 个变量作为控制变量。其中,企业规模以期末资产总额取自然对数计量;企业年龄为企业自成立至研究年度止的年数;所有权性质设为虚拟变量,民营性质取 1,否则为 0。

9.3 模型设计

为了检验政府激励对企业创新绩效的具体影响及生命周期在其中所起的作用,

本研究采用多元回归分析。具体模型如下。

模型1：创新绩效 = 截距 + β_0 × 企业年龄 + β_1 × 企业规模 + β_2 × 所有权性质 + ξ。

模型2：创新绩效 = 截距 + β_0 × 企业年龄 + β_1 × 企业规模 + β_2 × 所有权性质 + β_3 × 政府补助 + β_4 × 税收优惠 + β_5 × 生命周期 + ξ。

模型3：创新绩效 = 截距 + β_0 × 企业年龄 + β_1 × 企业规模 + β_2 × 所有权性质 + β_3 × 政府补助 + β_4 × 税收优惠 + β_5 × 生命周期 + β_6 × 政府补助 × 生命周期 + ξ。

模型4：创新绩效 = 截距 + β_0 × 企业年龄 + β_1 × 企业规模 + β_2 × 所有权性质 + β_3 × 政府补助 + β_4 × 税收优惠 + β_5 × 生命周期 + β_6 × 税收优惠 × 生命周期 + ξ。

其中，β_0、β_1、β_2、β_3、β_4、β_5、β_6 为系数，ξ 为随机误差项。模型中的创新绩效包括开发性创新绩效和探索性创新绩效两类。

10 实证结果分析

10.1 描述性统计分析

在所选企业中,制造业有 350 家企业,服务业有 125 家企业,依据企业生命周期的划分标准,将服务业、制造业样本公司分为成长期与成熟期两组(表10.1、表 10.2)。

所选取的样本以民营企业为主,企业规模差别不大,成立时间均较短。其中,制造业中民营企业有 256 家,非民营企业有 94 家;服务业中民营企业有 75 家,非民营企业有 50 家。

表 10.1 制造业与服务业成长期企业主要变量描述性统计

特征\产业\变量	探索性创新绩效/项		开发性创新绩效/项		政府补助/百万元	
	制造业	服务业	制造业	服务业	制造业	服务业
均值	12.277	6.902	18.643	11.575	15.546	76.499
标准差	86.126	19.025	45.710	27.635	25.421	359.45
最小值	0	0	0	0	0.32	0.16
最大值	1582	157	433	197	276.01	3627
N	483	153	483	153	483	153
特征\产业\变量	税收优惠/%		企业规模/百万元		企业年龄/年	
	制造业	服务业	制造业	服务业	制造业	服务业
均值	0.094	0.125	6.025	5.968	14.236	13.928
标准差	1.458	0.084	2.120	2.451	5.151	4.795
最小值	0.0039	0.079	2.39	2.18	5	2
最大值	0.76	0.52	10.9	13.16	31	28
N	483	153	483	153	483	153

制造业:民营企业 119 家,非民营企业 42 家;服务业:民营企业 31 家,非民营企业 20 家

表10.2 制造业与服务业成熟期企业主要变量描述性统计

特征\变量\产业	探索性创新绩效/项		开发性创新绩效/项		政府补助/百万元	
	制造业	服务业	制造业	服务业	制造业	服务业
均值	6.075	4.518	15.970	7.085	12.962	64.829
标准差	17.720	13.345	52.497	13.137	30.446	216.404
最小值	0	0	0	0	0.1	0.16
最大值	196	122	761	75	611.190	1728
N	567	222	567	222	567	222

特征\变量\产业	税收优惠/%		企业规模/百万元		企业年龄/年	
	制造业	服务业	制造业	服务业	制造业	服务业
均值	0.133	0.137	5.762	6.198	14.358	13.482
标准差	0.084	0.092	2.095	2.425	4.880	4.814
最小值	0.000 043	0.079	2.03	2.21	3	2
最大值	1.54	0.400	10.84	13.18	33	29
N	567	222	567	222	567	222

制造业：民营企业137家，非民营企业52家；服务业：民营企业44家，非民营企业30家

制造业成长期企业政府补助均值15.546百万元，标准差为25.421百万元，成熟期企业政府补助均值为12.962百万元，标准差为30.446百万元；服务业成长期企业政府补助均值为76.499百万元，标准差为359.454百万元，成熟期企业政府补助均值为64.829百万元，标准差为216.404百万元。这说明政府对不同生命周期企业进行资金补助金额不同且差异较大，成长期企业获得的政府补助明显高于成熟期企业。不论是成长期还是成熟期，服务业企业政府补助均值都高于制造业企业政府补助均值，说明政府对服务业企业资金支持力度较大，符合现阶段我国重点发展第三产业的现状；但服务业企业政府补助标准差远大于制造业企业政府补助标准差，反映出政府对服务业企业的支持力度存在较大差异。

制造业成长期企业税收优惠强度均值为0.094%，标准差为1.458%，成熟期企业税收优惠强度均值为0.133%，标准差为0.084%；服务业成长期企业税收优惠强度均值为0.125%，标准差为0.084%，成熟期企业税收优惠强度均值为0.137%，标准差为0.092%。整体来看，成长期企业享受的税收优惠强度略高于成熟期企业。分行业数据来看，同一行业内不同生命周期阶段企业享受的税收优惠强度基本一致。而跨行业企业享受的税收优惠强度有较大差异，制造业的实际

所得税率远远低于服务业，这主要是由于债务资金成本具有抵税作用，而制造业的债务资金规模通常高于服务业，因此，在其他条件都相同的情况下，制造业的实际所得税税负会低于服务业。

成长期企业开发性创新绩效与探索性创新绩效的均值都高于成熟期企业，可以反映出成长期企业的发展潜力高于成熟期企业。制造业企业开发性创新绩效和探索性创新绩效均值高于服务业企业，说明相比服务业，制造业企业具有更高的创新积极性及创新成果。

10.2 相关性分析

为了进行回归分析，需要检验解释变量、控制变量与被解释变量之间存在相关性，而解释变量与控制变量之间不存在多重共线性。相关性分析结果如表10.3所示。

从表10.3可以看出，在显著性水平为0.1时，税收优惠与开发性创新绩效、探索性创新绩效之间，政府补助与开发性创新绩效、探索性创新绩效之间显著相关，说明解释变量与被解释变量之间存在相关性。虽然解释变量政府补助、税收优惠与控制变量企业年龄、企业规模之间存在一定的相关性，但是相关系数均小于0.6，表明模型不存在严重的多重共线性，可以进行多元回归分析。

表10.3 制造业与服务业主要变量皮尔逊相关系数

变量	开发性创新绩效		探索性创新绩效		政府补助		税收优惠		企业规模		企业年龄	
	制造业	服务业	制造业	服务业	制造业	服务业	制造业	服务业	制造业	服务业	制造业	服务业
开发性创新绩效	1	1										
探索性创新绩效	0.166*	0.495*	1	1								
政府补助	0.113*	0.087	0.024*	0.09*	1	1						
税收优惠	-0.014*	-0.003	0.009	-0.030*	-0.111	-0.031	1	1				
企业规模	0.030*	0.058*	-0.092*	-0.286*	0.161	0.172*	-0.010	0.039	1	1		
企业年龄	0.029	0.135*	0.020	0.118*	-0.155	0.041	0.028	0.068	0.018	0.010	1	1

注：*表示在0.1水平（双侧）上显著相关，下同。

10.3 回归结果分析

利用 Eviews 分别对模型 1~4 进行固定效应的多元面板回归分析，回归结果如表 10.4 与表 10.5 所示。其中，模型 1 为只加入控制变量的基准模型；模型 2 为在基准模型基础上，加入政府补助、税收优惠两个解释变量及企业生命周期这一调节变量后的主效应模型；模型 3 和模型 4 在模型 2 的基础上分别加入交互项"政府补助×企业生命周期""税收优惠×企业生命周期"，用以检验不同生命周期阶段政府激励对企业创新绩效影响的差异性。

表 10.4 制造业与服务业开发性创新绩效多元回归结果

变量	模型1		模型2		模型3		模型4	
	制造业	服务业	制造业	服务业	制造业	服务业	制造业	服务业
截距	11.243*	6.465	16.853*	8.427	18.895*	8.364*	16.119	10.990*
企业规模	2.191*	0.607*	0.825*	-0.627	0.842*	-0.623	0.826*	-0.607*
企业年龄	-0.277*	0.291*	-0.709*	0.364	-0.666*	0.362	-0.707*	0.351*
所有权性质	-4.043*	0.528	-0.604	0.159	-0.959	0.184	-0.630	0.177
政府补助			0.515	0.158	0.373	0.150	0.515	0.205
税收优惠			-0.788*	-8.538	-0.754*	-3.583	-6.322*	-31.729
企业生命周期			-1.592*	-2.779	-5.187*	-2.658*	-0.836	-6.222*
政府补助×企业生命周期					-0.221*	-0.050*		
税收优惠×企业生命周期							-5.546*	31.081*
ΔR^2	0.088	0.116	0.092	0.131	0.096	0.231	0.092	0.237
F	27.196*	10.323*	36.312*	11.200*	33.652*	14.026*	32.279*	10.259*

表 10.5 制造业与服务业探索性创新绩效多元回归结果

变量	模型1		模型2		模型3		模型4	
	制造业	服务业	制造业	服务业	制造业	服务业	制造业	服务业
截距	38.719*	20.107*	47.614*	23.909*	45.099*	23.067*	44.643*	23.361*
企业规模	-3.130*	-2.960*	-3.938*	-3.139*	-3.960*	-3.170*	-3.933*	3.142*
企业年龄	0.078*	0.271	-0.132	0.199	-0.182	0.173	-0.135	0.202
所有权性质	-17.011*	-1.818	-16.714*	-1.173*	-16.276*	-0.829	-16.821*	-1.177

续表

变量	模型1		模型2		模型3		模型4	
	制造业	服务业	制造业	服务业	制造业	服务业	制造业	服务业
政府补助			0.228*	0.210*	0.403*	0.276*	0.228*	0.215*
税收优惠			-0.147*	-8.157*	-0.189	-8.775*	-22.562*	-3.202
企业生命周期			-7.715*	-2.625*	-3.287	0.988	-4.654	-1.889*
政府补助×企业生命周期					0.272*	-0.068*		
税收优惠×企业生命周期							-22.468*	-6.640*
ΔR^2	0.084	0.181	0.092	0.204	0.099	0.216	0.091	0.204
F	15.721*	18.230*	14.891*	9.618*	14.505*	8.793*	13.362*	8.223*

多元回归的结果,所选择的4个回归模型不论从拟合优度还是F值都较好地通过了显著性检验,拟合程度较为理想。

在基准模型下,控制变量对被解释变量开发性创新绩效变化的解释程度分别为制造业0.088与服务业0.116,探索性创新绩效变化的解释程度分别为制造业0.084与服务业0.181;加入解释变量与调节变量后的主效应模型2,对被解释变量变化的解释程度显著提高(如制造业与服务业开发性创新绩效主效应模型的ΔR^2分别为0.092与0.131,制造业与服务业探索性创新绩效主效应模型的ΔR^2分别为0.092与0.204)。这说明研究选择的解释变量与调节变量能够很好地解释被解释变量的变化。

10.3.1 政府补助对不同生命周期企业创新绩效的作用分析

为了验证政府补助对不同生命周期企业创新绩效的影响存在差异,且对不同生命周期、不同类型企业创新绩效的激励效果不同的假设,模型3在模型2的基础上加入了"政府补助×企业生命周期"这一变量。分析表10.4与表10.5中的结果,可以发现模型3对被解释变量变化的解释程度进一步提高;从表10.4中可以看到,不论是制造业还是服务业交互项"政府补助×企业生命周期"与开发性创新绩效显著负相关(制造业$\beta=-0.221$,服务业$\beta=-0.050$,$p<0.1$),说明政府补助对不同生命周期企业的开发性创新绩效影响存在差异;同样,从表10.5中可以看到,制造业交互项"政府补助×企业生命周期"与探索性创新绩效显著正相关($\beta=0.272$,$p<0.1$),服务业显著负相关($\beta=-0.068$,$p<0.1$),说明

政府补助对成长期与成熟期企业的探索性创新绩效的激励作用有差异,即政府补助对不同生命周期企业的探索性创新绩效影响不同。综上分析可以证明假设 H1 成立,即政府补助对不同生命周期阶段企业创新绩效的影响存在差异。

从表 10.4 模型 2 可以看出,政府补助与企业开发性创新绩效显著正相关(制造业 $\beta=0.515$,服务业 $\beta=0.158$,$p<0.1$),说明政府补助对企业的开发性创新绩效有促进作用;从模型 3 中可以发现,政府补助与成长期企业开发性创新绩效显著正相关(制造业 $\beta=0.373$,服务业 $\beta=0.150$,$p<0.1$),交互项"政府补助×企业生命周期"系数显著为负,说明相对于成熟期企业,政府补助对成长期企业的开发性创新绩效的激励作用更大,即验证了假设 H2。另外也可以发现,政府补助对成长期制造业企业的开发性创新绩效的激励作用高于服务业企业。

从表 10.5 的数据分析假设 H3 的验证情况,可以发现制造业与服务业得到了两种不同的结果。首先,根据模型 2 的数据可以得到,政府补助与企业探索性创新绩效显著正相关(制造业 $\beta=0.228$,服务业 $\beta=0.210$,$p<0.1$),即政府补助可以对企业的探索性创新绩效起到促进作用。其次,对于制造业来说,政府补助与成长期企业探索性创新绩效显著正相关($\beta=0.403$,$p<0.1$),交互项"政府补助×企业生命周期"系数为正,则说明相较于成长期企业,政府补助对成熟期企业探索性创新绩效的激励作用更大,因此假设 H3 成立。最后,对于服务业来说,政府补助与成长期企业探索性创新绩效显著正相关($\beta=0.276$,$p<0.1$),交互项"政府补助×企业生命周期"系数为负,说明相较于成熟期企业,政府补助对成长期企业探索性创新绩效的激励作用更大,因此假设 H3 不能验证。据此可以得到,对于促进企业进行探索性创新活动来说,政府补助更适合扶持成熟期的制造业企业与成长期的服务业企业。

10.3.2 税收优惠对不同生命周期企业创新绩效的作用分析

为了验证税收优惠对不同生命周期企业创新绩效的影响存在差异,模型 4 在模型 2 的基础上加入了"税收优惠×企业生命周期"这一变量。分析表 10.4 与表 10.5 中的结果,同样可以发现模型 4 较模型 2 对被解释变量变化的解释程度有所提高。从表 10.4 可以看到,制造业交互项"税收优惠×企业生命周期"与开发性创新绩效显著负相关($\beta=-5.546$,$p<0.1$),服务业显著正相关($\beta=31.081$,$p<0.1$),说明税收优惠对成长期与成熟期企业开发性创新绩效的激励作用有差异,即税收优惠对不同生命周期阶段企业开发性创新绩效的影响不同。对于交互项"税收优惠×企业生命周期"与探索性创新绩效来说,不论是制造业还是服务

业均显著负相关（制造业 $\beta = -22.468$，服务业 $\beta = -6.640$，$p<0.1$），但相关系数存在差异，说明税收优惠对不同生命周期阶段企业探索性创新绩效的影响不同，由此可以验证假设 H4，即税收优惠对不同生命周期阶段企业创新绩效的影响存在差异。

对于假设 H5，制造业与服务业也得到了不同的结论。首先，从表 10.4 模型 2 中可以得到，税收优惠（即实际所得税率）与企业开发性创新绩效显著负相关（制造业 $\beta = -0.788$，服务业 $\beta = -8.538$，$p<0.1$），即企业的实际所得税率越低，企业享受的税收优惠额越高，企业的开发性创新绩效越高。其次，对于制造业企业来说，从表 10.4 模型 4 可以得到，税收优惠与成长期企业的开发性创新绩效（$\beta = -6.322$，$p<0.1$）显著负相关，交互项"税收优惠×企业生命周期"显著为负，说明相较于成长期企业，税收优惠对成熟期企业开发性创新绩效的激励作用更好，即验证假设 H5。最后，对于服务业企业来说，税收优惠与成长期企业开发性创新绩效的相关系数均未通过显著性水平为 0.1 的假设检验，即现有数据无法证明税收优惠对哪个生命周期阶段服务业企业开发性创新绩效的促进作用更好，因此，未验证假设 H5。

从表 10.5 的数据分析假设 H6 的验证情况，制造业与服务业也得到了不同的结论。首先，从表 10.5 模型 2 中可以得到，税收优惠与企业探索性创新绩效显著负相关（制造业 $\beta = -0.147$，服务业 $\beta = -8.157$，$p<0.1$），即企业的实际所得税率越低，企业享受的税收优惠额越高，企业的探索性创新绩效越高。其次，对于制造业企业来说，从表 10.5 模型 4 中可以得到，税收优惠与成长期企业的探索性创新绩效（$\beta = -22.562$，$p<0.1$）显著负相关，交互项"税收优惠×企业生命周期"显著为负，说明相较于成长期企业，税收优惠对成熟期企业探索性创新绩效的激励作用更好，即验证假设 H6。最后，对于服务业企业来说，税收优惠与成长期企业探索性创新绩效的相关系数均未通过显著性水平为 0.1 的假设检验，即现有数据无法证明税收优惠对哪个生命周期阶段服务业企业探索性创新绩效的促进作用更好，因此，未验证假设 H6。

从上述服务业与制造业回归分析中看出，制造业与服务业分别验证了不同的假设，即不同产业类型下，政府激励对不同生命周期企业创新绩效的影响有差异，因此假设 H7 得以验证。

10.4 制造业与服务业回归结果异同分析

通过以上分析，可以汇总得到制造业与服务业对相关假设的验证情况，具体如表 10.6 所示。

表 10.6 制造业与服务业对相关假设的验证情况

假设	产业类型	
	制造业	服务业
H1：政府补助对不同生命周期阶段企业创新绩效的影响存在差异	验证	验证
H2：政府补助对企业的开发性创新绩效有促进作用，且对成长期企业的作用高于成熟期企业	验证	验证
H3：政府补助对企业的探索性创新绩效有促进作用，且对成熟期企业的作用高于成长期企业	验证	非验证
H4：税收优惠对不同生命周期阶段企业创新绩效的影响存在差异	验证	非验证
H5：税收优惠对企业的开发性创新绩效有促进作用，且对成熟期企业的作用高于成长期企业	验证	非验证
H6：税收优惠对企业的探索性创新绩效有促进作用，且对成熟期企业的作用高于成长期企业	验证	非验证

首先，制造业与服务业的数据分析均支持了"不同生命周期阶段政府补助与税收优惠对企业创新绩效的影响存在差异"的假设。不论是制造业企业还是服务业企业，在不同生命周期阶段的经营特征、战略方向及创新重点不同，那么政府采取不同类型的激励政策时，所起到的作用便会存在差异。这也进一步说明，政府在出台激励企业创新活动的政策时，需要结合企业所处的生命周期阶段进行设计。

其次，详细分析政府补助对于不同生命周期企业、不同类型创新绩效的差异，发现制造业的数据分析支持假设 H2 与 H3，而服务业的数据分析只支持 H2，不支持 H3。这说明,政府补助在促进企业开发性与探索性创新绩效方面有积极作用,而且特别有利于激励制造业与服务业成长期企业的开发性创新活动,以及制造业成熟期企业的探索性创新活动;但对服务业成长期与成熟期企业的探索性创新活动的促进作用无显著差异。

分析这一差异的原因在于:相较于制造业,服务业不仅创新强度较低[134],而且创新经费投入水平远低于制造业[135]。开展探索性创新活动不仅要求企业有大量的研发经费,更需要企业具备较高的能力、知识、结构[126],即开展探索性创新活动要求企业有更多的知识积累、更多的创新性人才、紧密合作的创新团队及开放的创新氛围。而我国现代服务业起步较晚,相关领域的知识积累不足,缺乏足够的创新性人才,显然仅靠政府资金支持服务业企业从事探索性创新活动是远远不够的。

最后,分析税收优惠对不同生命周期企业创新绩效的作用差异,制造业的数据分析支持假设 H5 与 H6,服务业的数据分析对假设 H5 与 H6 均不支持。通过前面的分析可以知道,税收优惠可以促进企业的开发性和探索性创新绩效,但促进作用较弱;从企业生命周期阶段来看,税收优惠更加适用于支持处于成熟期的制造业企业的开发性与探索性创新活动,而对于服务业成长期与成熟期企业的开发性与探索性创新活动则无显著的差异。

造成这一差异的原因有:企业的规模越大、盈利能力越强、债务资金比例越高、研发经费投入越大、创新成果的商业化水平越高,那么企业的实际税负水平会越低[136],即税收优惠的幅度会越大。处于成熟期的制造业企业凭借其已有的市场地位与竞争优势,能够获得稳定的利润,所以,该类企业通过创新提升竞争力的内在动力不足[137]。但税收优惠可以增加企业的留存收益,使企业有更多的资金用于扩大再生产与创新。创新活动过程的研发经费投入、创新成果转让进一步降低了企业的实际税负,从而推动企业开展创新活动,形成"税收优惠—增加创新活动资金—更多税收优惠—更多创新活动资金"的良性循环。

服务业特别是技术型的服务业尚未形成普遍的市场势力。虽然创新活动对其获利能力有显著的促进作用[138],但长久以来受国家宏观政策重点支持制造业创新活动这一导向的影响,服务业对创新活动的重视程度不够,研发投入不足,造成了成长期与成熟期的服务业企业自主创新能力不足、缺乏核心技术、产品服务处于产业链低端、经济效益较低的现状。此外,服务业企业的创新成果比制造业企业更加隐性化,如创意设计、建筑与环境设计、工程勘察设计、工艺技术改造、企业孵化服务的人财物整合设计、企业信息化改造与设计等活动,很难将其创新成果表达为专利形式,进而影响回归分析中税收优惠效果的显著性。加之税收优惠政策对服务业企业的倾斜度不够,对于盈利水平不高的服务业企业,采取事后减免的直接税收优惠无法起到补充企业创新资金的作用。要想发挥税收优惠激励创新活动的作用,应加大对服务业创新投入的税收支持力度[139]。

11 各细分行业的进一步讨论

利用各细分行业的数据可以进一步验证政府激励对不同生命周期阶段、不同产业类型企业创新绩效的作用差异。以下主要选择计算机、通信及其他电子设备制造业，医药制造业，运输设备制造业，以及信息传输、软件和信息技术服务业4个行业进行分析讨论。

11.1 各细分行业的基本统计特征

各细分行业的企业数量分别为：计算机、通信及其他电子设备制造业128家，医药制造业133家，运输设备制造业90家，信息传输、软件和信息技术服务业91家，划分各细分行业企业所属的生命周期，并计算其在相关变量上的统计特征（表11.1、表11.2）。

11.1.1 获得政府补助的特征

从政府补助数额来看，4个细分行业中，信息传输、软件和信息技术服务业最高，计算机、通信及其他电子设备制造业最低。制造业中以运输设备制造业为最高，这主要是由于该行业类别下的子行业铁路、船舶、航空航天和其他运输设备制造业样本中，大型国有控股企业占三分之一以上，这些企业享受的政府补助明显高于另外两个行业中的企业。

11.1.2 享受税收优惠的特征

在税收优惠方面，信息传输、软件和信息技术服务业的平均税收优惠程度最低且标准差最大，其余3个行业的税收优惠程度基本一致、标准差较小。这说明制造业企业间享受税收优惠差异不大，但信息传输、软件和信息技术服务企业间享受的税收优惠差别较大。同时，制造业与服务业企业间所享受的税收优惠也有较大差异，服务业企业享受的税收优惠程度低于制造业企业。

11.1.3 取得创新绩效的特征

从创新绩效来看，不同行业内，企业在不同生命周期阶段的创新活动重点存在较大差异。计算机、通信及其他电子设备制造业内的企业开发性创新绩效在成长期（均值为 23.59 项）和成熟期（均值为 17.09 项）均高于探索性创新绩效（成长期均值为 19.754 项、成熟期均值为 15.791 项）；医药制造业内的企业在成长期较关注开发性创新活动（均值为 10.763 项），而在成熟期更加关注探索性创新活动（均值为 11.949 项）；运输设备制造业成长期企业的探索性创新绩效（均值为 75.317 项）高于开发性创新绩效（均值为 39.171 项），成熟期企业的开发性创新绩效（均值为 18.245 项）高于探索性创新绩效（均值为 9.163 项）；信息传输、软件和信息技术服务业内的企业在成长期与成熟期均以探索性创新活动为重点。

表 11.1 4 个细分行业成长期企业主要变量描述性统计

		均值	标准差	最小值	最大值	N
探索性创新绩效/项	计算机、通信及其他电子设备制造业	19.754	18.577	1	90	61
	医药制造业	8.111	11.045	0	56	54
	运输设备制造业	75.315	275.206	0	1582	41
	信息传输、软件和信息技术服务业	19.325	23.074	0	81	40
开发性创新绩效/项	计算机、通信及其他电子设备制造业	23.59	22.708	1	110	61
	医药制造业	10.463	43.685	0	316	54
	运输设备制造业	39.171	85.794	0	433	41
	信息传输、软件和信息技术服务业	12.225	20.351	0	79	40
政府补助/百万元	计算机、通信及其他电子设备制造业	9.77	6.978	1.09	28.17	61
	医药制造业	19.777	22.495	1.09	28.17	54
	运输设备制造业	23.618	38.106	0.35	168.18	41
	信息传输、软件和信息技术服务业	21.193	22.201	0.16	85.42	40
税收优惠/%	计算机、通信及其他电子设备制造业	0.14	0.044	0.038	0.276	61
	医药制造业	0.14	0.045	0.0039	0.275	54
	运输设备制造业	0.13	0.036	0.078	0.275	41
	信息传输、软件和信息技术服务业	11.2	5.9	2	32	40

续表

		均值	标准差	最小值	最大值	N
企业规模/百万元	计算机、通信及其他电子设备制造业	3.169	0.383	2.39	4.09	61
	医药制造业	3.352	0.478	2.43	4.45	54
	运输设备制造业	3.486	0.476	2.68	4.71	41
	信息传输、软件和信息技术服务业	3.128	0.455	2.18	4.06	40
企业年龄/年	计算机、通信及其他电子设备制造业	13.131	3.947	7	22	61
	医药制造业	16.593	4.939	5	29	54
	运输设备制造业	15.976	4.612	7	26	41
	信息传输、软件和信息技术服务业	14.25	4.056	4	22	40

计算机、通信及其他电子设备制造业：民营企业46家，非民营企业15家；医药制造业：民营企业47家，非民营企业7家；运输设备制造业：民营企业27家，非民营企业14家；信息传输、软件和信息技术服务业：民营企业29家，非民营企业11家

表11.2　4个细分行业成熟期企业主要变量描述性统计

		均值	标准差	最小值	最大值	N
探索性创新绩效/项	计算机、通信及其他电子设备制造业	15.791	19.348	1	72	67
	医药制造业	11.949	24.875	0	178	79
	运输设备制造业	9.163	17.102	0	99	49
	信息传输、软件和信息技术服务业	12.569	18.476	0	82	51
开发性创新绩效/项	计算机、通信及其他电子设备制造业	17.09	15.752	1	68	67
	医药制造业	5.379	10.876	0	54	79
	运输设备制造业	18.245	26.151	0	164	49
	信息传输、软件和信息技术服务业	5.392	10.278	0	54	51
政府补助/百万元	计算机、通信及其他电子设备制造业	10.714	9.294	1.19	39.63	67
	医药制造业	12.048	12.615	0.1	53.73	79
	运输设备制造业	15.509	24.044	0.27	128.29	49
	信息传输、软件和信息技术服务业	34.455	70.85	0.15	428.07	51
税收优惠/%	计算机、通信及其他电子设备制造业	0.14	0.044	0.026	0.258	67
	医药制造业	0.16	0.083	0.0043	0.683	79
	运输设备制造业	0.16	0.13	0.042	0.484	49
	信息传输、软件和信息技术服务业	12.7	64.5	0.1	38	51

续表

		均值	标准差	最小值	最大值	N
企业规模/百万元	计算机、通信及其他电子设备制造业	3.09	0.401	2.03	3.76	67
	医药制造业	3.257	0.483	2.21	4.15	79
	运输设备制造业	3.256	0.493	2.29	4.53	49
	信息传输、软件和信息技术服务业	3.151	0.591	2.21	5.74	51
企业年龄/年	计算机、通信及其他电子设备制造业	14.522	4.84	7	24	67
	医药制造业	16.101	4.581	5	28	79
	运输设备制造业	15.286	4.518	7	26	49
	信息传输、软件和信息技术服务业	14.647	4.69	6	29	51

计算机、通信及其他电子设备制造业：民营企业47家，非民营企业20家；医药制造业：民营企业53家，非民营企业26家；运输设备制造业：民营企业37家，非民营企业12家；信息传输、软件和信息技术服务业：民营企业40家，非民营企业11家。

11.2 各细分行业回归结果差异分析

对所选4个细分行业内解释变量、控制变量与被解释变量之间的相关性进行分析，结果如表11.3所示，分析结果表明可以利用这些数据进行回归分析。

利用4个细分行业的数据对前文提出的模型1~4进行多元回归分析，回归结果如表11.4与表11.5所示。

表11.3 4个细分行业各变量间的相关性分析

	变量	开发性创新绩效	探索性创新绩效	政府补助	税收优惠	企业规模	企业年龄
开发性创新绩效	计算机、通信及其他电子设备制造业	1	0.325*	0.271*	-0.77*	0.145	-0.098*
	医药制造业	1	0.209*	0.378*	-0.033*	0.259*	0.011
	运输设备制造业	1	0.866*	0.400*	0.018	0.287*	-0.041
	信息传输、软件和信息技术服务业	1	0.520*	-0.004	-0.196*	0.035	0.100
探索性创新绩效	计算机、通信及其他电子设备制造业		1	0.300*	-0.215*	0.275*	-0.025
	医药制造业		1	0.120*	0.025*	0.289	0.158
	运输设备制造业		1	0.228*	0.025*	0.155	-0.005
	信息传输、软件和信息技术服务业		1	-0.008*	-0.157*	0.091	0.002

续表

变量		开发性创新绩效	探索性创新绩效	政府补助	税收优惠	企业规模	企业年龄
政府补助	计算机、通信及其他电子设备制造业			1	-0.045	0.378*	0.059
	医药制造业			1	-0.013	0.238*	0.260*
	运输设备制造业			1	-0.094	0.215*	0.038
	信息传输、软件和信息技术服务业			1	-0.158	0.552*	0.067
税收优惠	计算机、通信及其他电子设备制造业				1	-0.058	0.056
	医药制造业				1	0.125	0.075
	运输设备制造业				1	-0.096	-0.034
	信息传输、软件和信息技术服务业				1	-0.087	0.109
企业规模	计算机、通信及其他电子设备制造业					1	0.283*
	医药制造业					1	0.291*
	运输设备制造业					1	0.137
	信息传输、软件和信息技术服务业					1	0.349*
企业年龄	计算机、通信及其他电子设备制造业						1
	医药制造业						1
	运输设备制造业						1
	信息传输、软件和信息技术服务业						1

注：*表示在0.1水平（双侧）上显著相关，下同。

表 11.4 4 个细分行业开发性创新绩效多元回归结果

变量	模型 1				模型 2			
	计算机、通信及其他电子设备制造业	医药制造业	运输设备制造业	信息传输、软件和信息技术服务业	计算机、通信及其他电子设备制造业	医药制造业	运输设备制造业	信息传输、软件和信息技术服务业
截距	90.905*	-292.312	3.905	-62.558	81.893*	152.097	93.881	-46.770
企业规模	-8.600	145.384*	2.554*	102.770	-0.889	54.783	-3.677	7.922
企业年龄	0.523	-8.803*	-0.912*	-9.340*	-0.288	-14.675*	-2.083	6.207
所有权性质	-27.511*	57.908*	-0.853*	23.613*	-0.423	-60.420	-2.900	26.423*
政府补助					0.681*	1.991	1.735*	8.974*
税收优惠					-152.448*	-197.461*	-194.167*	-12.172*
企业生命周期					-15.767*	-31.511*	-13.931*	-18.540*
政府补助×企业生命周期								
税收优惠×企业生命周期								
$D-W$	1.789	1.351	2.551	4.041	2.329	1.972	2.322	2.396
R^2	0.116	0.270	0.297	0.281	0.370	0.346	0.376	0.501
ΔR^2	0.094	0.186	0.262	0.168	0.280	0.309	0.326	0.476
F	5.411*	89.182*	13.881*	2.481*	4.016*	115.469*	3.848*	4.778*

续表

变量	模型3				模型4			
	计算机、通信及其他电子设备制造业	医药制造业	运输设备制造业	信息传输、软件和信息技术服务业	计算机、通信及其他电子设备制造业	医药制造业	运输设备制造业	信息传输、软件和信息技术服务业
截距	81.778*	396.594	81.363	-68.623*	22.776	36.949	43.671	-53.907
企业规模	-2.387	-1.720	-1.197	46.465	9.883	2.776	-3.304	24.608
企业年龄	-0.685	-17.203*	-19.303*	-1.647	-0.368	-0.200	-11.419	5.541
所有权性质	4.361	-41.020	-21.454	27.413*	5.987	-3.197	-23.018	26.954*
政府补助	1.591*	2.704*	2.303*	10.719*	0.778*	0.778*	1.892*	8.362*
税收优惠	-181.362*	-344.566*	-82.097	-9.321	-183.267*	166.503*	-97.037*	8.823
企业生命周期	1.934	68.946	19.711*	-11.173*	-41.696*	-39.891*	18.190*	4.699
政府补助×企业生命周期	-1.408*	-3.721*	-0.339*	-0.237*				
税收优惠×企业生命周期					-174.547*	-102.980*	-2.020	
$D-W$	2.231	1.973	1.982	2.378	3.063	2.104	2.091	2.586
R^2	0.462	0.550	0.498	0.672	0.432	0.608	0.568	0.636
ΔR^2	0.366	0.442	0.347	0.551	0.337	0.544	0.498	0.486
F	4.787*	101.489*	7.763*	5.560*	4.562*	103.116*	45.912*	4.242*

表 11.5 4 个细分行业探索性创新绩效多元回归结果

变量	模型 1				模型 2			
	计算机、通信及其他电子设备制造业	医药制造业	运输设备制造业	信息传输、软件和信息技术服务业	计算机、通信及其他电子设备制造业	医药制造业	运输设备制造业	信息传输、软件和信息技术服务业
截距	13.759	-2.501	30.970	25.457	23.025	-4.642	10.414	12.772
企业规模	19.303*	3.460*	-5.220*	76.570*	15.276*	3.416*	-3.398	53.259
企业年龄	-1.228*	0.113*	9.940*	-26.086*	-1.017*	0.308	-0.330	-25.224*
所有权性质	-10.507*	-0.392*	-16.150*	13.384	-3.901	-0.543*	-2.587	12.730
政府补助					0.672*	0.230*	0.972*	7.701*
税收优惠					-128.993*	-126.610*	-150.790*	-7.727
企业生命周期					6.164	0.257	6.471*	-7.695
政府补助 × 企业生命周期								
税收优惠 × 企业生命周期								
$D-W$	1.459	1.863	2.551	2.094	1.827	2.230	2.220	2.394
R^2	0.296	0.224	0.297	0.271	0.456	0.520	0.525	0.493
ΔR^2	0.244	0.205	0.262	0.192	0.377	0.471	0.466	0.376
F	5.619*	30.778*	30.970	25.457	5.630*	10.048*	12.324*	12.772

续表

变量	模型3				模型4			
	计算机、通信及其他电子设备制造业	医药制造业	运输设备制造业	信息传输、软件和信息技术服务业	计算机、通信及其他电子设备制造业	医药制造业	运输设备制造业	信息传输、软件和信息技术服务业
截距	14.417	−94.964	29.871*	10.221	42.878*	−6.694*	21.276*	39.324
企业规模	14.256*	51.437*	−2.713*	53.095*	15.881*	2.337*	−10.020*	64.215*
企业年龄	−1.129*	2.970*	1.761	−25.714*	−1.006*	0.590	−1.789*	−24.133*
所有权性质	−1.430	−67.179	−9.698	11.771	−0.577	−0.608*	−13.396*	9.832*
政府补助	1.486*	0.772*	0.915*	10.089*	0.628*	0.256*	0.447*	3.010
税收优惠	−112.791*	−171.540*	−27.897	−10.670	327.658*	166.926*	−165.280*	2.320
企业生命周期	22.063*	60.490*	7.150	−0.268	−42.267*	−1.036	8.473	14.993
政府补助×企业生命周期	−1.310*	−4.128*	0.442*	−0.284*				
税收优惠×企业生命周期					−378.180*	−74.935*	−105.431*	−2.457*
D−W	1.624	1.928	2.093	2.624	1.881	2.060	1.983	1.880
R^2	0.523	0.602	0.580*	0.521	0.623	0.535	0.667	0.585
ΔR^2	0.437	0.580	0.416*	0.495*	0.561	0.475	0.658	0.474
F	6.108*	27.023*	33.188*	−25.714*	9.935*	18.876*	28.541*	5.243*

通过分析表 11.4 与表 11.5 的结果，可以得到 4 个行业对相关假设的验证情况，具体如表 11.6 所示。

表11.6 4 个细分行业对相关假设的验证情况

假设	产业类型			
	计算机、通信及其他电子设备制造业	医药制造业	运输设备制造业	信息传输、软件和信息技术服务业
H1：政府补助对不同生命周期阶段企业创新绩效的影响存在差异	验证	验证	验证	验证
H2：政府补助对企业的开发性创新绩效有促进作用，且对成长期企业的作用高于成熟期企业	验证	验证	验证	验证
H3：政府补助对企业的探索性创新绩效有促进作用，且对成熟期企业的作用高于成长期企业	未验证	未验证	验证	未验证
H4：税收优惠对不同生命周期阶段企业创新绩效的影响存在差异	验证	验证	验证	验证
H5：税收优惠对企业的开发性创新绩效有促进作用，且对成熟期企业的作用高于成长期企业	验证	验证	验证	未验证
H6：税收优惠对企业的探索性创新绩效有促进作用，且对成熟期企业的作用高于成长期企业	验证	验证	验证	未验证

11.2.1 计算机、通信及其他电子设备制造业的回归结果分析

计算机、通信及其他电子设备制造业内，政府补助与税收优惠对企业开发性创新活动的促进作用高于探索性创新活动；特别地，政府补助更有利于激励成长期企业的创新活动，税收优惠更有利于激励成熟期企业的创新活动（表 11.7）。

表11.7 计算机、通信及其他电子设备制造业创新绩效多元回归结果

自变量	被解释变量	
	开发性创新绩效	探索性创新绩效
政府补助	0.542*	0.167*
税收优惠	-3.750*	-10.022*
政府补助×企业生命周期	-0.265*	-0.063*
税收优惠×企业生命周期	-4.075*	-10.073*

根据前文分析,计算机、通信及其他电子设备制造业内的企业在成长期与成熟期更加重视开发性创新活动。这与该行业的国际分工地位及产品特征有关。一方面,我国的计算机、通信及其他电子设备制造业在全球产业链的分工地位尚未从制造环节走向创造环节,缺乏核心技术和品牌优势,过度依赖于数量扩张,处于以低成本优势获得市场份额的阶段。业内企业普遍通过加大创新投入、增加规模等方式来提高创新产出。另一方面,该行业的产品属于典型的复杂产品系统领域[140],一种产品的生产涉及外围零部件、核心元器件、电路板及配套软件等多方面的专利技术集成,单件专利或某个领域的专利很难在系统上取得实质性的技术突破。这也使得该行业企业遵循了从产品模仿到开发性创新再到探索性创新的技术成长路径[141]。

该行业的探索性创新活动具有高研发投入、高智力、高风险与高收益的特征,一旦产品创新成功,受技术路径依赖、资金压力及下游技术标准限制[142]等因素的影响,企业会倾向于推行开发性创新来稳定其市场占有率。不论政府补助还是税收优惠均会有利于不同生命周期阶段企业的开发性创新活动。

该行业具有组织密集、资金密集、技术密集及更新换代频率极快的特征,企业需要不断进行技术创新活动才能在行业竞争中占有一席之地。因此,对于盈利能力有限的成长期企业来说,政府补助很好地起到了弥补研发资金不足的作用。例如,2014年陕西烽火电子股份有限公司获得了1595万元的财政补助与贴息资金,用于多波段宽带自组织网络、基于认知技术的应急指挥通信系统等关键技术的研发,占其研发费用的16%。对于盈利能力较强的成熟期企业来说,税收优惠可以增加企业经营活动的现金流量,使企业在下一周期有充足的资金投入到研发活动之中。例如,2014年,中兴通讯股份有限公司的多家子公司为国家认定的高新技术企业与软件企业,适用低所得税率,公司享受的所得税优惠额为26 019.2万元,占其经营活动产生的现金流量净额的10.34%。

11.2.2 医药制造业的回归结果分析

对于医药制造业来说,政府补助更有利于激励成长期企业的创新活动;税收优惠更有利于提高成熟期企业的开发性及探索性创新绩效(表11.8)。

表 11.8 医药制造业创新绩效多元回归结果

自变量	被解释变量	
	开发性创新绩效	探索性创新绩效
政府补助	0.565*	0.095*
税收优惠	-2.787*	-5.202*
政府补助×企业生命周期	-0.522*	-0.056*
税收优惠×企业生命周期	-48.052*	-21.246*

我国的医药制造业尚处于创新驱动的初始阶段,研发活动经费与人员投入不足,企业的市场化开拓能力不足[143],因而,医药制造业企业倾向于仿制药物的研制与生产[144]。特别是,开发新药所需时间不断增加[145],加之高额研发费用与巨大研发风险等因素的存在,影响了企业从事探索性创新活动的积极性。

政府补助与税收优惠对医药制造业创新活动的影响支持了"促进论"的假设,即政府补助缓减了资金约束,增加了企业R&D经费[146];税收优惠可以降低企业的研发成本,从而刺激企业增加R&D经费[147],企业的利润水平越高,税收优惠的"成本效应"会越大。因此,对于盈利能力较低的成长期企业,政府补助的"融资效应"会更显著;对于盈利能力较强的成熟期企业,税收优惠的激励作用会更明显。

11.2.3 运输设备制造业的回归结果分析

对于运输设备制造业来说,政府补助更有利于激励成长期企业的开发性创新活动与成熟期企业的探索性创新活动;税收优惠也更有利于激励成熟期企业开展创新活动(表11.9)。

表 11.9 运输设备制造业创新绩效多元回归结果

自变量	被解释变量	
	开发性创新绩效	探索性创新绩效
政府补助	0.260*	0.423*
税收优惠	-133.117*	-319.122*
政府补助×企业生命周期	-11.486*	0.347*
税收优惠×企业生命周期	-28.836*	-275.577*

我国运输设备制造业规模已达到世界前列,但存在自主创新能力较弱、缺少核心技术和关键技术、市场份额不足等问题。另外,运输设备制造业属于技术、资金和劳动力密集型产业,特别地,技术与资金对该行业的发展有极大的促进作用。市场份额不足的问题可以通过开展开发性创新活动,不断对产品进行升级换代及通过探索性创新活动开发新产品等方法解决。对于资金短缺、以增加市场份额为目标的成长期企业,政府补助可以补充其研发活动经费,增强其开发性创新活动;对于以提高自主创新能力和市场竞争力为目标的成熟期企业,政府补助可以降低企业从事探索性创新活动所面临的风险,税收优惠可以降低税负、增加留存收益,推动企业开展创新活动。

11.2.4 信息传输、软件和信息技术服务业的回归结果分析

对于信息传输、软件和信息技术服务业来说,政府补助更有利于激励成长期企业的创新活动;而税收优惠对成长期与成熟期企业创新活动的激励作用并无显著差异(表 11.10)。

表 11.10 信息传输、软件和信息技术服务业创新绩效多元回归结果

自变量	被解释变量	
	开发性创新绩效	探索性创新绩效
政府补助	0.045*	0.074*
税收优惠	-25.145	-3.499
政府补助×企业生命周期	-0.035*	-0.065*
税收优惠×企业生命周期	-25.431*	-6.469*

信息传输、软件和信息技术服务业属于知识、技术密集型产业,具有研究投入成本高、技术升级速度快、产品生命周期短、市场竞争激烈的特点。该行业所提供的服务产品的属性,决定了需要更多进行客户需求分析,以相应技术作为支

撑不断进行开发性创新，使新的信息技术更加便利和实用。有研究表明，信息服务业是否有新产品产出与企业年限无关，新产品强度与创新投入强度无关[137]。从产业整体发展水平来看，信息传输、软件和信息技术服务业原始创新能力和动力不足，基础软件、核心工业软件对外依存度大，政府通过资金扶持的方式支持企业开展探索性创新活动的促进作用并不显著。

税收优惠是一个事后指标，是当企业的创新活动发生后，根据现有的税收优惠额计算得到的税收优惠程度，主要包括高新技术企业所得税优惠、研发加计扣除和技术转让所得税减免。实证结果显示税收优惠对不同生命周期服务业企业创新活动的激励作用无显著差异，可能存在几种情况：其一，成长期与成熟期企业均未开展大规模的创新活动，其实际享受的研发加计扣除与技术转让所得税减免额很少；其二，在现有的条件下，服务业企业开展创新活动所能享受到的所得税优惠没有与其创新活动特征相匹配，如创新过程的顾客参与性、创新成果的无形性等；其三，该行业内企业的盈利能力较弱，所得税优惠降低企业成本的作用有限；其四，企业通过调整内部结构，主动迎合政府相关税收优惠的认定条件[27]，在获得优惠后，并未将节省下来的资金投向创新活动，违反了税收优惠政策的初衷，表现为税收优惠对创新活动的激励不显著。

从4个细分行业的政府激励效果来看，在企业的不同生命周期阶段，政府补助和税收优惠的效果不尽相同。企业所属行业的国际分工地位、产业发展阶段、竞争激烈程度等可能都是企业选择创新活动时的宏观背景。市场结构与产业集聚因素都会影响政府优惠政策的实施效果。

12 稳健性检验及研究结论

12.1 模型的稳健性检验

考虑到本研究进行假设检验时,对样本按照行业进行了分组,制造业与服务业的样本量存在较大的差异,政府补助与税收优惠政策对不同产业内企业创新绩效的作用差异,有可能是由于两个行业的不同样本量造成的。因此,选择对样本重新分组的方法(即利用全样本在模型中添加行业交互项的方法[148])进行稳健性检验。在模型中加入行业变量,其中制造业为0,服务业为1。变化后的各模型分别如下。

模型1′:创新绩效 = 截距 + β_0 × 企业年龄 + β_1 × 企业规模 + β_2 × 所有权性质 + ξ。

模型2′:创新绩效 = 截距 + β_0 × 企业年龄 + β_1 × 企业规模 + β_2 × 所有权性质 + β_3 × 政府补助 + β_4 × 税收优惠 + β_5 × 生命周期 + β_6 × 行业 + ξ。

模型3′:创新绩效 = 截距 + β_0 × 企业年龄 + β_1 × 企业规模 + β_2 × 所有权性质 + β_3 × 政府补助 + β_4 × 税收优惠 + β_5 × 生命周期 + β_6 × 政府补助 × 生命周期 + β_7 × 行业 + β_8 × 政府补助 × 行业 + ξ。

模型4′:创新绩效 = 截距 + β_0 × 企业年龄 + β_1 × 企业规模 + β_2 × 所有权性质 + β_3 × 政府补助 + β_4 × 税收优惠 + β_5 × 生命周期 + β_6 × 税收优惠 × 生命周期 + β_7 × 行业 + β_8 × 税收优惠 × 行业 + ξ。

其中,β_0、β_1、β_2、β_3、β_4、β_5、β_6、β_7、β_8为系数,ξ为随机误差项。模型中的创新绩效包括开发性创新绩效和探索性创新绩效两类。

回归结果如表12.1与表12.2所示。

12 稳健性检验及研究结论

表12.1 开发性创新绩效多元回归结果

变量	模型1′	模型2′	模型3′	模型4′
截距	2.295*	7.931*	27.359	19.025
企业规模	12.919	0.432*	3.815*	4.139
企业年龄	0.962*	-0.437*	-2.766	-1.436*
所有权性质	-11.658	-0.549*	-3.093	-4.147
政府补助		1.713*	2.043*	2.228*
税收优惠		-0.091*	-0.511*	-0.098*
企业生命周期		-0.741*	-1.228*	-4.137
行业		2.101*	4.526*	3.886*
政府补助×企业生命周期			-1.080*	
政府补助×行业			-0.041*	
税收优惠×企业生命周期				-4.984*
税收优惠×行业				-0.748
ΔR^2	0.113	0.122	0.160	0.109
F	23.852*	14.019*	17.939*	10.595*

表12.2 探索性创新绩效多元回归结果

变量	模型1′	模型2′	模型3′	模型4′
截距	2.325	7.513*	6.392	13.219*
企业规模	2.282*	0.188	1.534	3.098
企业年龄	-0.258*	-0.371	-2.379	-0.713
所有权性质	-0.991*	-1.731	-5.435	-12.110
政府补助		3.238*	4.710*	4.009*
税收优惠		-0.082*	-0.089	-0.081*
企业生命周期		4.679*	7.860	5.109
行业		2.246*	1.145*	3.886*
政府补助×企业生命周期			0.878*	
政府补助×行业			0.750	
税收优惠×企业生命周期				-4.201*
税收优惠×行业				0.583
ΔR^2	0.093	0.115	0.177	0.201
F	26.673*	12.384*	13.821*	15.307

在模型 2′中加入行业这一变量，通过了显著性水平为 0.1 的假设检验，说明不同行业企业的创新绩效存在差异。模型 3′和模型 4′中分别加入"政府补助×行业"和"税收优惠×行业"交互项，检验政府补助和税收优惠对不同行业企业的创新绩效作用是否存在差异。

由表 12.1 的模型 3′可以得到，政府补助对企业的开发性创新绩效有促进作用（$\beta = 2.043$, $p < 0.1$），且对成长期企业的作用高于成熟期企业（交互项"政府补助×企业生命周期"显著为负，$\beta = -1.080$, $p < 0.1$），这一结论在制造业和服务业中都成立（交互项"政府补助×行业"与开发性创新绩效显著负相关，$\beta = -0.041$, $p < 0.1$）。

由表 12.2 的模型 3′可以得到，政府补助对不同生命周期企业探索性创新绩效不同，且对成熟期企业的作用高于成长期企业（交互项"政府补助×企业生命周期"显著为正，$\beta = 0.878$, $p < 0.1$），但交互项"政府补助×行业"的回归系数不显著（$\beta = 0.750$, $p > 0.1$），说明该结论在服务业中不成立。

同理，由表 12.1 模型 4′可以得到，税收优惠对不同生命周期阶段企业的开发性创新绩效影响不同，且对成熟期企业的作用高于成长期企业（交互项"税收优惠×企业生命周期"显著为负，$\beta = -4.984$, $p < 0.1$），但企业为服务业类型企业时，这一结论不成立（交互项"税收优惠×行业"回归系数不显著，$\beta = -0.748$, $p > 0.1$）。

由表 12.2 的模型 4′可以得到，税收优惠对不同生命周期阶段企业的探索性创新绩效影响不同，且对成熟期企业的作用高于成长期企业（交互项"税收优惠×企业生命周期"显著为负，$\beta = -4.201$, $p < 0.1$），但交互项"税收优惠×行业"的回归系数不显著（$\beta = 0.583$, $p > 0.1$），说明该结论在服务业企业中无法验证。

由以上分析可以得到，主要解释变量的方向和显著性水平均未发生明显变化，稳健性检验对假设的验证情况与分样本回归的验证情况完全一致，验证情况如表 11.6 所示，可以证明本研究研究结果的稳健性。

12.2　研究结论

分析政府补助与税收优惠是否有利于企业创新绩效时，将企业创新绩效区分为开发性与探索性创新绩效，并将企业划分为成长期与成熟期企业两类。运用

2012—2014年数据，从产业（制造业与服务业）层面和行业层面（两位数分类①的6个行业），针对212家成长期企业和263家成熟期企业，实证分析政府补助和税收优惠对不同生命周期企业、不同类型创新绩效的影响。

本研究的实证研究得到以下主要结论。

①在不考虑企业生命周期阶段时，不论制造业还是服务业企业，政府补助与税收优惠对企业的创新绩效均有激励作用，这与前人研究[6-12]结论不同，原因可能在于研究样本的差异。本研究的研究样本皆为沪深交易所A股上市企业，能够通过A股上市审核的企业，已基本度过初创期，故本研究主要研究政府激励政策对处于成长期与成熟期企业的创新绩效的作用；研究样本取自国家"十二五"重点扶持产业目录中的6类行业，这些企业具有创新效率高，政策支持力度大等特征。研究样本筛除了未同时享受政府补助和税收优惠的企业，以及*ST、ST和退市企业等，确定了475家样本企业。以6类行业A股上市公司为整体研究样本，能够客观反映政府政策的行业激励效应。研究表明，政府补助和税收优惠对企业的开发性创新绩效和探索性创新绩效均有显著激励作用。

②考虑企业所处不同生命周期阶段时，政府补助和税收优惠对企业的开发性创新绩效和探索性创新绩效的影响均存在差异。但制造业和服务业的实证研究结果不尽相同。制造业的研究结果，证实了本研究的全部假设：政府补助对企业的开发性创新绩效有促进作用，且对成长期企业的作用高于成熟期企业；对企业的探索性创新绩效有促进作用，且对成熟期企业的作用高于成长期企业。税收优惠对企业的开发性创新绩效和探索性创新绩效均有促进作用，且对成熟期企业的作用高于成长期企业。后文的稳健性检验与前文的研究结果一致。这提示政府针对制造业应用政府补助手段时，应区分不同生命周期阶段的激励目的，当试图激发成长期企业的开发性创新和成熟期企业的探索性创新时，政府补助的效用会更高。而税收优惠则应主要针对成熟期企业的激励。

服务业的研究结果，在证实政府补助和税收优惠分别对不同生命周期阶段企业创新绩效影响存在差异的基础上，仅证实了政府补助对成长期企业的作用高于成熟期企业；未能证实政府补助和税收优惠在企业生命周期不同阶段效用差异的其他假设。稳健性检验的结果与前文的研究结果一致。究其原因，可能是服务业与制造业具有不同的生产特征，尤其是在创新绩效的表征形式上与制造业有较大差异，这会影响实证结果的显著性；服务业研究选取的行业数较少，企业量也较

---

① 按国民经济行业分类大类代码（两位数阿拉伯数字）。

少,可能未能全面反映政府激励政策对创新绩效的影响。

③对4个细分行业的进一步讨论发现,计算机、通信及其他电子设备制造业,医药制造业,运输设备制造业这3个行业的实证研究结果与制造业整体的实证结果基本一致,仅"假设H3"在计算机、通信及其他电子设备制造业,医药制造业两个行业未证实,即不能验证政府补助对探索性创新绩效的促进作用在企业成熟期高于企业成长期。如前文分析,这两个行业在我国的培育成长时间较短,国际分工地位相对较低,与国际水平相比,行业整体上还处于成长阶段,这可能影响了政府补助在不同生命周期阶段激励作用的显著性。信息传输、软件和信息技术服务业的实证研究结果与服务业整体的验证结果完全一致。

细分行业的研究结果表明,虽然从制造业整体的分析显示政府激励政策的有效性,但每个细分行业发展程度不同,对政策的敏感度不同,政策效应不同。政府激励政策作为稀缺性资源,应根据具体行业特点针对性地使用,以提高激励政策的效用。

12.3 研究启示

本研究对政策制定实践的启示如下。

应建立政府激励对象的退出与补充机制。研究发现,不同政府激励对不同生命周期、不同产业类型的企业创新绩效的激励效用不同。贾天明等[149]也证明,当企业技术创新系统协同度较弱时,政府激励效果的边际效用尤其是对技术研发的边际效用非常大,但协同度较强时政策作用效果变得不显著。因此,对于已经充分发育的产业,政府应逐渐减少甚至停止对这类产业的直接财税支持,转而发挥市场的作用,由竞争推动企业创新。而一些新兴产业领域的技术创新,常需要企业间或产业间技术的渗透与融合,面临更多的创新要素短缺和市场风险,这时政府激励就具有很强的创新支持与投资引导作用。因此,应建立及时认定和补充新兴业态与产业领域进入政府激励范畴的机制。

应根据企业发展所处的生命周期阶段,区别使用政府激励。处于不同生命周期阶段的企业,开展创新活动所需的要素有较大差异,成长期企业通常具有较强的创新动力,但缺乏足够的创新资金;而成熟期企业通常已在市场中占有一席之地且具有稳定的获利能力,但承担创新风险的意愿降低。特别地,由于中国企业所面临的强制度性环境,[27]一些企业会主动迎合政府激励政策的条件要求,以获得相关支持,使财税支持政策出现错位,失去其应有的激励创新作用。因此,对于成长期企业,政府应采用更加灵活的补助手段,充实企业的创新资金;对于成熟期企业,政府应从激励创新意愿的角度来设计相关的激励政策,而不仅局限于政府补助与税收优惠。

适应自主创新和产业结构升级趋势,加强人力资本方面的政策激励。现有的财税政策(包括财政补贴、科研经费投入、所得税减免、研发加计扣除及加速折旧等)均倾向于激励企业扩大生产、提高投资规模,是以物质资本为激励对象的。本研究也发现政府激励对企业开发性创新绩效的激励作用高于探索性创新绩效。由于企业以追求经济效益最大化为前提,开发性创新时间短,对投入的资源要求不高,更容易提高创新产出。而探索性创新的研发时间长,结果不确定性高,对人力、知识、技术资源的投入要求,尤其是人力资本的要求更高。另外,随着我国产业逐步由生产制造型向生产服务型转变,生产性服务业集聚与制造业升级之间高度关联、融合促进[150]。以高科技服务业为典型代表的生产性服务业,人才深度智力劳动是其核心内容,高层次专业技术服务是其主要的业务形式,人力资本是其发展的关键要素。特别地,以知识为基础的高科技服务业不仅具备创新供给的能力,而且也是影响创新供给的主要因素,即人力资本在创新中发挥的作用日益重要。因此,提高人力资本方面的相关税收优惠,如提高对企业人力资本支出的税前扣除标准,加大对研发人员个人所得税的优惠力度,有助于激励企业增加教育投入,激发研发人员的创新活力,从而提升企业创新能力。

本研究还存在以下局限:①受资料来源的限制,仅用专利数据来衡量企业的创新绩效,可能无法准确度量企业创新绩效;②2016年,我国开始实施研发费用加计扣除、技术服务和转让税收优惠等政策,受政策研究节点的限制,文中没有将其列入税收优惠之中;③仅得到政府补助与税收优惠对不同生命周期企业的创新绩效的激励作用存在差异,没有探讨差异的程度、带来的经济后果及内在的机制。以上问题将是未来需要完善和努力探索的方向。

下篇 即时通信工具使用对组织绩效的影响
——基于强、弱连接与组织沟通效果的多重中介作用

13 绪 论

13.1 研究背景和意义

13.1.1 研究背景

现代组织在信息化快速发展和应用的大力推动下,对组织成员的工作能力提出了更高的要求。如何改善员工的职场人际关系和增强员工的获取信息能力,成为组织管理者越来越关注的问题。即时通信(instant messaging,IM)是人们通过运用智能电子设备和交际网络来促进同步交流、合作和社会交际的社交工具[151],它为人们提供了一个具有搜索、传递信息、连接、拓展关系及信息提醒等功能的共享平台[152]。员工经常在工作场所和工作场所外广泛使用 IM 进行交流[153],这无疑会大幅减少员工间面对面交流的机会,对传统的交流方式产生影响,促使组织更多考虑借助电子通信媒介进行组织沟通。

Radicati Group 科技市场研究机构曾预测:在 2019 年,全球的 IM 账号总量将超过 70 亿;未来 4 年(即 2023 年年底),世界范围内的 IM 账号数量将以近 6%的平均增长速度增长,总量将超过 89 亿[154]。目前,仅 Whats App 这一款 IM 软件在全球就拥有达 15 亿的月活跃用户。2019 年 2 月 28 日,中国互联网络信息中心(CNNIC)发布第 43 次《中国互联网络发展状况统计报告》,报告显示,截至 2018 年 12 月中国的即时通信用户较 2017 年年末增长 7149 万,规模达到 7.92 亿,占网民总体的 95.6%;应用于办公场景的企业 IM 产品(以钉钉和企业微信为代表)专业化水平持续提升[155]。腾讯发布的数据显示,2018 年前 5 个月的企业微信注册数量较 2017 年同期增长 180%,用户数增长 500%,并开始实现企业微信和个人微信的互通,增强产品的用户触达能力。

近年来的研究表明,IM 广泛地应用到了企业办公领域,如员工之间的交流与讨论、传递信息、分享文件等。在工作场所,员工使用 IM 主要讨论较为繁杂的问题，仅有28%的内容是简单的交流，而31%的内容是关于时间计划安排和协调。Forrester Research研究公司的一份调查报告提出，IM对企业来说是最有用的工具：37%的调查对象认为大量的企业价值来自IM。在工作场所，员工需要充分利用IM才会提升自身绩效[156]。因此，本研究试图分析如何最大限度地发挥IM的使用价值，怎样才能通过使用IM沟通媒介来巩固员工团结、拓展协作网络，在实现提升组织绩效目标的同时，帮助企业形成完善的组织沟通体系。

13.1.2 研究意义

IM在工作和生活中的广泛应用一定程度上改变了组织成员的沟通交流习惯并增加了组织成员建立社交关系的途径。研究IM使用对员工强、弱连接变化的影响，以及这些变化与组织沟通效果以何种作用路径促进组织绩效，具有重要的现实意义和理论意义。

（1）现实意义

员工不断积累的社会资本、完善的信息沟通体系和组织信息有效地上传下达是提升组织核心竞争力的重要载体。以员工在工作中使用IM为研究背景对员工的社会资本和组织沟通如何影响组织绩效进行研究有以下现实意义。

一是给组织管理层的沟通管理提供决策依据。了解员工在工作中广泛使用IM的背景下，组织内不同类型的人际关系变化是直接影响组织绩效，还是通过不同类型的组织沟通效果间接影响组织绩效，增强了组织的执行力。

二是使组织的中高层管理者了解在组织沟通过程中影响组织绩效的因素。在组织沟通时，常见诸如信息冲突、职责模糊、人际关系矛盾等负面情况[157]，难以提升组织绩效。对于组织管理层来说，积极有效的组织沟通可以改变员工工作态度，缓解组织冲突、避免组织矛盾，增强组织的领导力和创新力。

三是为组织成员针对自身所处不同人际关系类型提供了进行有效组织沟通的依据，建立信息传递的有效渠道，增强组织的凝聚力。

（2）理论意义

本研究完善了组织员工使用IM、社会资本和组织沟通对组织绩效影响等方面的相关研究。

首先，本研究综合社会网络和组织沟通的相关理论知识对员工在工作场所使用IM进行探讨，研究结论丰富了关于IM使用影响方面的研究。其次，本研究创新性地将组织成员的强、弱连接作为重要中介变量引入到组织沟通过程中，将强、弱连接的变化划分为3种类型，将组织沟通效果划分为两种类型，揭示了社会资本在组织沟通过程中对组织绩效的影响路径,加深对组织沟通的理解。再次,本研究是组织传播学和组织管理学结合的交叉学科研究,具有新的研究视角。最后,本研究创新性地从个人绩效、团队绩效和创新绩效3个方面衡量组织绩效。

13.2 文献综述

如今在现代化的工作场所中,员工如果想高效、出色地完成一项工作,需要同事之间的默契合作,而这种合作依赖于同事之间的有效沟通[156]。IM拥有可以同时开展多任务的优势,员工在工作场所使用IM降低了被电话打扰的可能性,简化了写电子邮件的烦琐。IM作为新型的沟通媒介有助于沟通主体之间建立起相互分享观点的义务和默契,移动互联网时代的社会资本也随之建立起来,日益成为国内外学者的研究热点。

组织沟通多发生在工作办公场所,其作用的对象具有人际关系和任务要求的双重属性。IM是一种不仅支持正式沟通还能够成功支持非正式沟通的交流工具,是所有沟通工具中对组织沟通效果影响最强的工具[158]。在IM提供的沟通背景下,人际关系和组织沟通作为影响企业运营的关键因素[159],对沟通效果和绩效等方面的影响受到国内外学者的广泛关注。

13.2.1 IM的应用及影响

即时通信工具由于其便捷、易操作且时效性强的特点,被员工在办公场所广泛使用来完成协同工作。学者们已从不同方面结合工作场景研究了IM的应用及影响。

现有学者深入研究了影响IM使用的影响因素。已有的文献研究发现,临界数量、媒介丰富性、感知有用性和易用性是人们在工作中选择IM的主要因素。Glass等[160]的研究显示,由主观规范和感知临界量组成的社会影响力比感知有用性和易用性对IM的使用意向的影响更强。Gan[161]和Zhou等[162]研究发现,网络规模(或感知用户群)是IM在工作场所成功实施的重要因素。Tseng等[163]研究发现,媒介丰富性是人们对手机即时通信工具具有使用忠诚度的重要因素。Gao等[164]研究认为,信任、感知有用性或易用性是影响使用意图的重要因素。Oghuma等[165]研究认为,感知有用性是人们持续使用IM的重要因素。由此可见,IM具有媒介丰富性、感知有用性等优势,如果吸引了一定数量或比例的用户(临界数量),可能在整个组织的员工间迅速传播并持续使用。

组织内员工使用社交媒介存在两个主要目的：传递工作相关信息和社交[166]。许多学者就 IM 的信息传递方面进行研究分析，如黄江文[167]和王玮等[168]研究发现 IM 并不是工作场所中对工作进程干扰的主要来源。尤薇佳等[169]通过构建信任模型，在突发事件信息的传播效果方面对包含 IM 的 4 类 Web 信息传播渠道进行比较，发现如果能让接收者感受到发送者使用 IM 传递信息中警示的善意、公正的转述立场，就能够获得接收者的信任。张亚莉等[170]通过研究发现，员工与关系紧密的利益相关者交往时，往往伴随着大量信息的频繁交流和分享，这就需要员工在沟通时使用 IM 这样拥有良好储存和管理功能的沟通媒介；而与关系较弱的利益相关者交往时，人们更注重信息的即时传递与反馈效率，员工在使用 IM 过程中，可减少交流主体失去耐心、沟通不畅等情况发生，提升对项目的满意度。

理论界围绕即时通信工具的使用与其结果变量之间的关系进行了大量研究。首先，IM 应用更多侧重对用户间工作关系建立的影响。Quan Haase 等[171]认为，员工借助 IM 建立了可供合作的信息交换网，有利于产生社群感，使联系更加紧密，并促进合作。其次，IM 在社交中有助于用户间社会网络的建立。Gan 等[172]研究发现，IM 可以让用户感知沟通质量及关系转换成本，保持同事之间基于任务建立起的人际关系。赵英[173]研究发现，企业使用 IM 后会改变员工的社会关系结构。

综上所述，现有研究多以使用因素为自变量分析了 IM 在工作场所的应用情况，未进一步探讨 IM 的使用价值。现有研究从组织宏观层面上，以信息传递质量效率和对工作关系影响等方面为切入点，证明了 IM 在工作场所具有的重要使用价值，但未探讨 IM 在组织内部使用时对于组织成员人际关系的影响。

13.2.2 社会资本对组织的影响

（1）社会资本对组织沟通的影响

社会资本可促进更多的合作行为进而带来资源，善于做资源交换的人也能在组织中获取资源。许多学者研究指出社会资本作为重要的因素影响着组织沟通。包国宪等[174]将沟通分成 3 个维度研究虚拟企业沟通问题，其一的关系维度包含信任、互惠和社会网络等。孙玥[175]对网络组织成员之间的沟通机制研究是从关系、任务和能力 3 个方面入手，其中，关系用相互依赖程度和人际关系的和谐程度来衡量。

社会资本构建的沟通氛围对沟通效果的影响也是非常重要的。关系往往提供情感支持，社会资本本身具有的信任属性，可以在朋友间交流时减少压力，缩短心理距离。Smidts 等[176]研究发现信息充分性、员工参与度及沟通支持是影响组织内信息沟通氛围的 3 个维度。史江涛[177]认为沟通内容要被组织认同,氛围至关重要。

(2) 社会资本对组织绩效的影响

许多学者探讨社会资本对组织绩效的影响。其一,社会资本对员工心理方面的影响会作用于组织绩效。Song 等[178]认为员工间关系与工作态度呈正相关。Howell 等[179]认为员工的工作能力可以在保持乐观心理的基础上进一步提高,从而提升工作绩效和组织绩效。然而 Lee 等[180]研究发现,员工间接触频率的增加并不会正向影响组织绩效。吴婷等[181]通过构建关系性协调理论框架发现,现有研究未充分重视员工关系的协调性对自身绩效的影响。

其二,社会资本作用于中介变量从而进一步影响组织绩效。林南等[182]研究认为,如果员工充分利用其社会资本,会增加提升职位和权利的概率,同时可进一步提高员工的工作积极性,提高工作绩效。汪轶[183]认为社会资本可正向影响知识共享,继而提升工作绩效。刘卓[184]研究认为,社会资本可使员工在不同团体间进行有价值的信息交换,在增加知识资本的同时提高能力,最终提升组织绩效。

综上所述,在工作方面,社会资本对于组织而言具有不可替代的作用,但鲜有学者以 IM 提供的交流平台为背景,结合社会资本的变化对组织绩效的影响开展研究。在社会资本对组织绩效的中介作用影响方面,学者们多探讨了组织间知识管理或组织间信息交流作用,较少关注组织内部社会资本的变化对组织绩效的影响。因此,本研究在 IM 提供的交流平台背景下,以组织成员的社会资本变化为研究着力点,分析员工的强、弱连接变化对组织的影响机制。

13.2.3 组织沟通效果对组织绩效的影响

一些学者认为沟通的信息内容的质量是组织良好运行的重要前提。Lowry 等[185]研究发现,如果沟通媒介可以为沟通主体间提供更高的互动性,那么主体间的沟通质量和满意度均会得到提升。Hargie 等[186]研究认为高质量的组织沟通(及时、准确、有用、完整)对组织运营效率及绩效的提升有非常显著的促进作用。曾伏娥等[187]研究发现,包含目的性的沟通会提升组织绩效。阮平南等[188]认为团队沟通应注重沟通频率和质量这两个关键因素。

另一些学者认为沟通氛围会影响绩效。Gurtner 等[189]研究发现,建立团队成员间共享心智模型,让员工在良好沟通氛围中进行任务策略沟通,可提升团队绩效。梅红[159]研究认为,对于大多数组织而言,上行沟通和下行沟通均可以在组织中建立共享愿景、改善工作流程、提升组织绩效，平行沟通则可以在组织中建立信任、维护良好工作氛围。束义明等[190]研究发现，沟通氛围会正向影响高管团队的决策绩效。李永周等[191]研究发现，积极沟通氛围可积极正向影响组织认同。

还有一些学者认为，组织沟通的顺畅程度会影响组织绩效。Cameron等[192]研究认为，员工利用IM很容易就知道同事是否在线，是否方便接收信息及进行沟通等，提高合作效率。与之相对的，组织沟通不畅易造成冲突。魏昕等[193]认为，中国员工通常避免正面冲突并且过分关注上下级关系，这极大地影响了整个组织的运作效率。陆云龙[194]通过研究发现，网络间的沟通程度显著影响组织绩效。通过充分的组织沟通达成的沟通效果，可以有效地帮助深陷工作情境中的员工解决任务难题，提高组织绩效。

综上所述，员工在工作中进行组织沟通的效果，从质量、氛围和顺畅程度等方面影响工作效率和组织绩效。但现有学者鲜有从不同组织沟通方式入手，探究其对组织绩效的影响[195]。

13.2.4 研究述评

通过梳理国内外相关文献，不难发现关于使用IM对组织影响的研究仍然有进一步完善的空间，可以归纳为以下几点。

（1）缺乏关于IM使用的中国情景研究

目前学者对IM使用的研究对象主要是外国企业员工，鲜有学者研究IM使用对中国企业的影响。然而，随着IM逐渐在中国企业普及，有必要探讨IM使用对组织内员工的工作关系、沟通效果和组织绩效的影响机制。

（2）关于IM在工作场所影响强、弱连接关系和组织绩效的研究相对较少

社会资本是解释IM用途和影响的重要载体，但现有研究鲜有从工作关系和工作绩效视角分析IM使用的影响。虽然还有其他研究探讨IM的使用结果，如研究企业IM持续使用所产生的影响。但是，理论界总体缺乏关于使用IM对强、弱连接变化的影响研究。

（3）关于使用IM背景下探究组织沟通效果对绩效影响的研究相对较少

现有文献大多研究组织沟通效果对员工工作态度、工作产出等方面的影响。也有学者将"沟通效果"与"沟通质量""沟通满意度"这两个概念等同，研究其与员工满意度的关系。但鲜有学者从沟通方式差异入手，探讨组织使用IM后，组织沟通效果如何影响组织绩效进行研究。

因此，基于IM在企业日渐普及的现状及现有研究的空白，本研究以员工在工

作场所使用IM的工作情景为前提展开研究。一方面，IM的使用可以增进员工之间的关系；另一方面，在工作中使用IM有利于提升沟通效果，促进团队合作。本研究拟回答如下问题：工作场所使用IM究竟对员工的强、弱连接社会资本带来怎样的影响？组织沟通方式差异达到的组织沟通效果如何影响组织绩效？强、弱连接的连接程度变化如何影响组织沟通效果与组织绩效？

13.3 研究内容和方法

13.3.1 研究内容及结构

（1）研究内容

IM为组织成员提供了沟通渠道。员工在工作中使用IM，不仅会对员工的强、弱连接人际关系产生影响，也会在正式和非正式组织沟通效果的影响过程中，对组织绩效产生影响。围绕员工在工作中使用IM的组织行为，如何通过强连接增强、弱连接紧密和弱连接增加这3种类型的人际关系变化，以及正式和非正式这两种组织沟通形式的效果，影响组织绩效这一问题，本研究基于社会网络理论和组织沟通理论，主要研究员工在工作中使用IM对强、弱连接关系变化的影响，强、弱连接关系变化和组织沟通效果对组织绩效的影响及其在使用IM与组织绩效间所发挥的多重中介作用。

首先，在回顾现有文献的基础上，基于社会网络理论和组织沟通理论，对强、弱连接，正式和非正式组织沟通效果及组织绩效进行了概念界定，分析IM使用对强、弱连接关系变化的影响，强、弱连接变化对组织沟通效果及组织沟通效果对组织绩效的影响，并提出本研究相关研究假设，构建员工在工作中使用IM对组织绩效影响的概念模型框架。

其次，在相关理论分析基础上，确定问卷设计内容和变量设计，发放问卷并收集数据，对筛选后的有效样本进行描述性统计分析，以有效数据为基础进行信度和效度检验，采用PLS-SEM结构方程模型以检验研究假设与概念模型。

最后，基于实证分析结果，针对企业中高层管理者、基层管理者和基层员工这3个不同层次的组织员工提出如何有效使用IM以提升组织绩效的管理建议。

（2）研究框架

本研究的研究框架如图13.1所示。

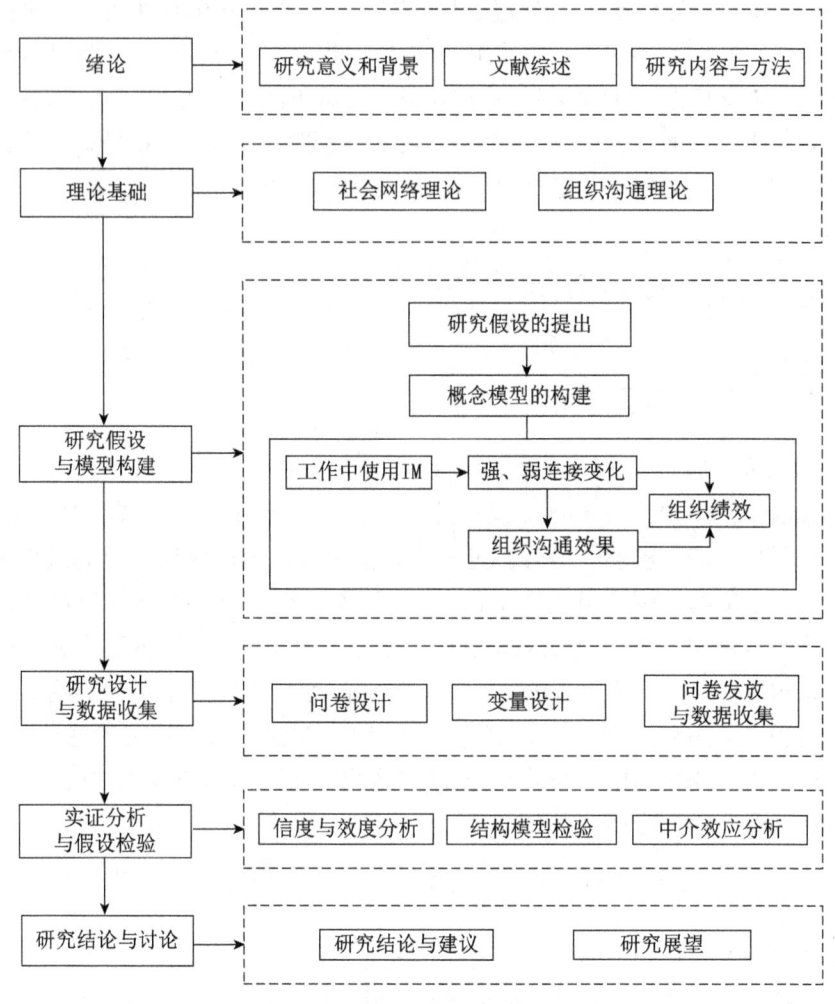

图 13.1 研究框架

根据以上研究思路，本研究构建了员工在工作中使用 IM，强、弱连接关系变化，组织沟通效果和组织绩效之间关系的假设模型，章节安排和主要研究内容如下。

第一，绪论。主要概述本研究的研究背景、意义和国内外学者的研究现状，描述本研究的结构及研究方法。

第二，理论基础。主要描述了社会网络理论和组织沟通理论，为本研究奠定了理论基础。

第三，研究假设与模型构建。对 IM 的使用，强、弱连接，正式和非正式组织沟通效果及组织绩效的概念进行界定后，提出了研究假设，构建了理论研究模型。

第四，研究设计与数据收集。描述了问卷的设计内容，变量设计及问卷发放与数据收集过程。剔除无效样本后，对有效数据进行描述性统计分析。

第五，实证分析与假设检验。在信度和效度检验后，构建结构方程分析模型，并根据结果验证本研究的研究假设，讨论中介效应及影响程度，得出实证研究结论。

第六，研究结论与讨论。总结本研究的研究结论，为企业管理层的沟通管理给出建议并提出研究的不足及展望。

13.3.2 研究方法

本研究采用理论与实证分析相结合的方法，依据发现、分析和解决问题的研究思路，围绕员工在工作中使用 IM 影响组织绩效这一问题展开研究。本研究的研究方法如下。

（1）文献分析法

本研究依托前沿的研究背景，分析国内外学者的研究现状，确定研究意义，基于社会网络理论和组织沟通理论，提出本研究的概念模型与研究假设。

（2）问卷调查法

本研究根据现有学者对 IM 使用、强连接和弱连接、组织沟通效果和组织绩效的问卷测量题项，结合本研究的研究目的和概念模型，建立问卷调查。通过发放问卷回收数据，并对数据进行信度、效度检验，为模型建立提供数据来源。

（3）模型分析法

本研究首先采用统计分析方法，使用 Excel 软件对回收的各样本数据进行统计。剔除无效样本后，运用 SPSS 19.0 软件对 852 个有效样本进行描述性统计分析。借助 SmartPLS 3.0 软件，采用 PLS – SEM 方法建立结构方程模型，分析得出 IM 使用对组织绩效的影响路径。

14 理论基础

14.1 社会网络理论

社会网络由人和人与人之间的连接关系构成,是一个有组织的人的群体。在这个群体中,人们拥有家人,自己的工作场所,结交和维持朋友。社会网络的重要性在于它能够帮助我们拥有或接触到仅靠自己无法获取的人或物。

14.1.1 强、弱连接理论

Granovetter[196]于1973年最早提出强、弱连接理论。他将组织内的关系分为强连接和弱连接。强、弱连接关系拥有4个属性,表现为互动频率、情感强度、亲密度和互惠交换。其中,弱连接属性表现程度低,不能为组织成员提供情感方面支持,但弱连接作为"桥"连接着不同团体。强连接属性表现程度高,"朋友"和"同事"等标签被用来描述强连接。

关系强度影响着社会资源的交换,强连接关系间的资源更容易被分享和交换。强连接的稳定伴随着个体之间分享信息、资源的行为发生。当个体间关系属于弱连接时,虽然交流频率较少,情感支持较弱,但个体之间具有目的性的交往往往会获得更有价值的社会资源。

14.1.2 结构洞理论

Burt[197]于1992年提出结构洞理论,他根据该理论创新地回答了市场经济中存在的竞争行为问题。由于社会市场的存在,产品交易不能简单地等同于商品交换,所处的环境因素对该过程的影响也是至关重要的。

结构洞的关注点在两者之间的第三方,其认为两个没有直接连接的个体之间必须经过第三人才可能建立连接。无直接连接的两人之间存在的空洞即为结构洞,具有信息和控制优势的第三人即为占据结构洞节点的人。Burt认为关系比资源更能建立起个人或组织的竞争优势，任何个人或组织只有广泛与具有背景异质性的第三方建立联系，才能够保持长久的竞争优势。

14.1.3 社会资本理论

2000年，Putnam[198]基于个体间关系的亲密程度，从紧密型（Bonding Capital）和过渡型（Bridging Capital）维度的视角构建二维社会资本模型。资本是嵌入在社会网络关系中的资源，这些资源具有隐蔽性、背景异质性和人际关系弱等特点。人们对这种弱关系所寄予的责任期望很低，可以在与其交往过程中融入不同观点、信息等资源。过渡型资本与弱连接关系相同，可以为个人提供机会、传递信息及接触新思想[199]。通过与弱连接关系沟通而产生的过渡资本，为个体提供了广阔的视野及获取信息的能力[158]。

紧密型社会资本主要指包括家人和亲密朋友在内的亲密关系，个人对强连接所寄予的关系义务感期望较高，信任和互惠属性可为彼此提供情感和实质性的支持[198]。这样的强连接关系可以为个体提供资源、信息和社会影响力。

林南[200]于2001年提出社会资本理论。他认为个人建立强、弱连接关系所带来的资源是个人求职成功的关键。虽然林南的研究对象是在组织外进行的求职行为，但该理论强调了个体在社会网络所处的位置影响着其在组织中获取的资源。

14.2 组织沟通理论

20世纪中期，学者们最先开始进行组织沟通方面的研究。20世纪60—70年代，组织沟通成为一个较为独立的学科并得到不断发展。组织沟通研究涉及的领域很广，学者们根据传递内部信息形式的不同，将其区分为正式沟通和非正式沟通。正式沟通形式的信息传递需要依附于组织内已有的系统或结构[201]。非正式沟通较为灵活，形式较为多变，不依附于组织系统进行。

14.2.1 正式沟通

Price[202]于1975年将正式沟通定义为组织向成员和组织成员间传递工作信息。正式沟通是由组织正式承认的沟通渠道，其信息传递和工作交流是采用组织制度明确规定的方式。例如，规章制度的发布、组织间的信函往来、会议召开、文件传达及每周例会等。

正式沟通包括上、下行沟通和平行沟通。上、下行沟通即管理决策层与下级之间进行相互的信息交流。这便于管理层掌握公司实际情况，下级积极实施公司已发布的规章制度、工作流程、战略目标等。由正式沟通提供的组织中的信息使管理者的活动变得更容易。平行沟通是多发生在员工间和管理层内部间的沟通，这有助于组织形成良好的内部协调机制。正式沟通可以降低协调成本、减少冲突、增强信任，最终减少导致谣言的负面影响。

14.2.2 非正式沟通

非正式沟通是正式沟通形式之外的信息交流和传递方式，它不被组织监督，可自主选择沟通渠道，是正式沟通的有机补充[202]。例如，员工交流对某件事的观点、聚会和传闻消息等。非正式沟通在组织中具有重要作用。非正式沟通基于人与人之间的社会关系，可获取有益于自己的工作信息。员工在互动过程中发现了拥有相似态度、观点和价值观的人，因此他们相互认识、交往，最终成为朋友。

非正式沟通的起源是"个人"，而正式沟通的基础始于"组织"。员工可以以非正式沟通的形式谈论他们在工作中遇到的问题和态度，舒缓心理压力。此外，非正式沟通可以作为管理者获取决策信息的重要信息源。非正式的沟通渠道，如吐槽和八卦通常填补了正式沟通无法解决的空白。通过正式系统传递的信息要么不够充分，要么模棱两可，非正式系统通常可以弥补这些组织沟通过程中的缺陷。当员工在工作中感到威胁或者待处理的工作内容发生变化时，如果此时的管理层沟通有限，处于压力之下的员工就会在安全感降低时更加依赖非正式沟通。

本章主要描述了社会网络理论和组织沟通理论，介绍了强、弱连接为组织提供社会资本的多样性和必要性，强调了正式沟通和非正式沟通在组织沟通管理中的重要性，为本研究奠定了理论基础。

15 研究假设与模型构建

本章将基于社会网络理论和组织沟通理论提出假设并建立研究模型。首先，界定本研究涉及的一些相关概念。其次，从 IM 的使用对强、弱连接的影响，强、弱连接对组织沟通效果的影响，强、弱连接对组织绩效的影响及沟通效果对组织绩效的影响 4 个方面提出本研究的研究假设。最后，根据 15 个研究主假设建立概念模型。

15.1 相关概念界定

本研究涉及 4 个主要变量概念，分别是"IM 的使用""强、弱连接""组织沟通效果""组织绩效"。

15.1.1 IM 的使用

IM 支持用户间以文本、音频及视频等形式实时传递信息，在用户间建立交流沟通的渠道。IM 的使用是指组织成员在工作中使用 IM 与同事进行实时信息交流。与传统沟通渠道相比，员工在工作场所中使用 IM 的主要优势如下。

①可以克服空间、时间等差异，进行实时交流。

②可以处理多情景任务。用户使用 IM 可以应对突发事件，还可以在不同情境下同步完成其他沟通渠道获取的任务。

③可以将交流对象分级、分类。用户可以将通讯录中的好友，依据组织、部门、职能等差异进行分组和备注，在需要时建立及时沟通。

④可以传输及保存文本、语音和视频等信息资料，便于以后查阅。

15.1.2 强、弱连接

强、弱连接关系的 4 个属性表现为：互动频率、情感强度、亲密度和互惠交换。强连接的属性表现程度较高，弱连接的属性表现程度则较低。本研究根据强、弱连接的属性表现程度将强、弱连接变化分为3种，即强连接增强、弱连接紧密和弱连接增加。其中，强连接增强是指与要好的同事间关系更加亲密、IM 通讯录中有对方且沟通频率升高；弱连接紧密指 IM 通讯录中有联系不频繁的朋友，沟通频率增加；弱连接增加指 IM 通讯录中未加好友但可以通过群或好友推荐能够联系到的朋友数量增加。

15.1.3 组织沟通效果

组织沟通的目的是进行组织成员管理和约束组织行为。组织沟通按照沟通方式的差异分为正式沟通和非正式沟通。效果是指某种因素或行为造成的客观结果。沟通效果是个体以信息传递为目的进行交流和沟通所造成的客观结果。

本研究将组织沟通效果按照不同的沟通形式分为正式组织沟通效果和非正式组织沟通效果。其中，正式组织沟通效果指组织成员在工作中使用 IM 在组织内及组织间以正式沟通形式来传递信息、构建组织沟通氛围进而能够实现沟通目标的程度；非正式组织沟通效果指组织成员在工作中使用 IM 在组织内及组织间以非正式沟通形式来传递信息、构建组织沟通氛围进而能够实现沟通目标的程度。

15.1.4 组织绩效

组织绩效是企业对既定目标的实现程度，所有引导组织行为的目的均是提升组织绩效。组织绩效作为衡量企业状态的指标，是组织长远发展的重要保证。因此，组织绩效的好坏是管理的落脚点，是组织管理层关注的重点。现有学者大多从两个方面衡量绩效，一方面是以结果评价绩效；另一方面是以行为评价绩效。本研究将结果和行为综合，从个人绩效、团队绩效和创新绩效3个层次评价组织绩效。

15.2 研究假设的提出

本研究主要讨论的问题是即时通信工具的使用对组织绩效的作用和在强、弱连接及组织沟通效果的中介作用下，即时通信工具的使用对组织绩效的作用机制。因此，提出本研究相应的研究假设。

15.2.1 IM 使用对强、弱连接的影响

在工作环境中，IM 不仅为员工提供了一个可以得到及时帮助的交际环境，也

为员工的信息交流提供了便捷。IM 通过提供丰富的表情等社交互动因素促进亲密关系的形成[203]。员工可以不局限于工作地点和时间，通过使用 IM 快速传达信息，从多方获取信息，也可以在与第三方进行通信期间平行、快速地获取信息以完成任务。很多学者通过研究发现，员工在工作中使用 IM 可以促进员工间更好地相互了解、发展和维持关系。在不同地点办公的同事，通过 IM 提供的同步性功能可以实时进行团队工作，从而建立良好的团队成员关系。

在 IM 提供的快速通信和有效的信息交换模式下，通过强连接关系网络与工作相关的即时信息的分享，不仅能够增强员工与同事间的互动[204]，还能解决传递信息包含冗余的问题。强连接不仅提供了人们取得自身所属社交圈之外的信息渠道，而且为人们的行动提供了信任基础[205]。信任是加固员工彼此关系的纽带[206]。IM 沟通渠道增加了员工与强连接关系进一步接触的机会，通过频繁的信息交换，增加彼此间的信任感，加强了现有的强连接关系[207]。

在中国，除情感关系给员工带来信任外，社会交换是培养信任的主要来源。交换者可能为了保持长期的利益而尽量展现可信赖的行为，久而久之，对方会确定稳定的交换行为，因而建立信任关系。组织中存在最多的交换行为是员工间工作方面的咨询。咨询可能发生在同事一对一、一对多或多对一的交流情景中。员工在这样的交流情景中使用 IM，会降低沟通成本，增强了员工间彼此的远程合作意愿[192]，为弱连接间关系的加强提供了基础。弱连接与弱连接之间经过多次成功的工作咨询、信息交换，会观察到可信赖的人，因而可以建立起许多信任关系[208]，弱连接间的关系得到了加强。

IM 支持的在线社交网络可以使人们获得更多的弱连接[209]，其中许多弱连接可以通过 IM 提供个人正在寻求特定帮助的有效信息资源。不仅如此，员工还可以在沟通的过程中连接到曾经无法接触到的关系[210]，增加了员工与他人联系的机会，更加容易地访问到特定问题的答案或与问题相关的丰富信息。如果员工的弱连接数量增加，通过 IM 进行有效沟通，可以确保员工在最小的干扰中获得更多与工作相关的信息，达成一种耗时很短的低强度的协作[204]。选择 IM 进行交流的弱连接关系，可以达到沟通频率增加、非即时时间占用的效果，这样他们通过共同中间人的介绍，更容易建立彼此的信任，增强信息的共享。IM 提供了使人们接触到之前未连接的个人的可能性，扩大了现有维持联系的范围和基础时，对弱连接的扩展有积极影响[211]。

基于现有研究，在工作中使用 IM 对强连接的加强、弱连接的紧密和弱连接的数量增加均有正向的促进作用，因此本研究提出如下假设。

H1：在工作中使用 IM，加强了强连接关系的紧密程度。

H2：在工作中使用 IM，增进弱连接关系的紧密程度。

H3：在工作中使用 IM，增加了弱连接关系的数量。

15.2.2 强、弱连接对组织沟通效果的影响

信息是以人们相互沟通的方式在发送者和接收者间进行传递。在中国企业中，由于中国文化的影响，人们更希望维持人际关系的和谐与稳定，加之"面子""身份"等问题的影响，组织更应重视非正式沟通过程中对员工认知和情绪产生影响的因素。由于正式和非正式的沟通方式可以全面刻画中国组织中员工的沟通现状，所以我们把沟通方式作为组织沟通效果的研究视角。

强连接关系往往将相似或志同道合的人们联系起来，从而形成具有高度凝聚力、相互联系的社交网络[212]。因此，强连接更可能真正在传递信息[213]。但强连接关系的社交网络中包含了很多冗余信息[212]，强连接间通常会出现较低质量的信息传递及采纳情况。弱连接间关系在不断增强和增多的过程中，由于信息交换的频次增多、内容覆盖面增加，同样存在与强连接类似的问题。IM 提供的在线感知和文本等功能为员工社交关系的扩展和保持提供了可能，这不仅可以让员工在最小的干扰中了解、熟知组织的规章制度，还能极大地改善工作中的组织正式沟通[214]。值得注意的是，强连接关系在 IM 建立的网络中可以降低重复转发信息的影响[215]。

在工作过程中，IM 提供了一个非正式沟通的平台。企业员工通过 IM 进行非正式组织沟通时，不仅会关注问题本身，而且他们的决策也会受到情绪、价值观和自我认同等因素的影响[211]。沟通与信任是相互促进的，随着沟通的持续和深入，网络组织成员之间的信任度会增加，同时信任也会影响沟通效果[216]。强连接关系（朋友）之间的互动能够增强人们的情感资本[217]，员工在工作环境中建立起来的强连接关系，通过相互的信任和了解，更加有效地转移和采纳信息。弱连接与弱连接之间经过多次成功的工作咨询、信息交换，会观察到可信赖的人，因而可以建立起许多信任关系[208]，增强沟通效果。

当员工没有通过正式渠道获得足够的信息时，非正式沟通渠道可以补充信息，提高信息的丰富性。非正式沟通有利于巩固团体中良好的人际关系[195]，不断增多的弱连接关系通过非正式沟通可以将不同种类的信息交互连接起来[218]。通过充分的信息披露满足了组织员工间的信息需求，提升了非正式沟通效果。基于以上分析，本研究提出如下假设。

H4：紧密程度加强的强连接关系提升组织沟通效果。
H4a：紧密程度加强的强连接关系提升组织沟通中的正式组织沟通效果。
H4b：紧密程度加强的强连接关系提升组织沟通中的非正式组织沟通效果。
H5：紧密程度增进的弱连接关系可提升组织沟通效果。
H5a：紧密程度增进的弱连接关系可提升组织沟通中的正式组织沟通效果。
H5b：紧密程度增进的弱连接关系可提升组织沟通中的非正式组织沟通效果。
H6：数量增加的弱连接关系可提升组织沟通效果。
H6a：数量增加的弱连接关系可提升组织沟通中的正式组织沟通效果。
H6b：数量增加的弱连接关系可提升组织沟通中的非正式组织沟通效果。

15.2.3 强、弱连接对组织绩效的影响

在如今信息化程度日趋提高的企业中，员工若想高质量、快速地完成工作，除自身工作能力外，与工作场所的社交网络互动也变得越来越必要。一些工作关系由工作信息交换和社会或工作非相关信息的交换组成。很多以工作为重点的关系为员工提供了与工作有关的信息和建议，这可以带来更好的工作绩效。

强连接关系构成了企业内部的社交网络，在企业处理复杂信息时，强连接关系是必不可少的[219]。强连接可以实现员工间信息和知识的有效交换[220]，促进组织内部的工作信息流动。员工使用IM增强了强连接关系间的信任[221]，这不仅促进了敏感重要信息的分享行为，也促进了组织信息的流动，对组织绩效均有正向的影响[222]。以强连接关系为基础的团队或成员间往往具有良好的沟通效果，利于提高团队或组织的绩效[223]。

相比强连接关系，弱连接关系更有价值。在企业的各个部门间，包括资源、思想、创新、知识、谣言等信息主要是通过弱连接关系网络进行传递[224]。工作上的咨询是一项重要的资源，善于资源交换的人能从组织中获取资源。弱连接的重要作用在于黏合了不同层级、具有差异性资源的群体，是获取资源、交换信息的主要途径[182]。员工往往在传递和分享工作信息的过程中，拓展自己的弱连接关系。员工和增加的弱连接相互学习后，对自己领域的研究会更加深入，工作绩效得到提升。不仅如此，员工还可以接触到更多新领域的知识，拓展自身的知识资本，从而提升自己的综合能力。

员工如果充分利用IM，可以促使团队或部门间相互了解不同的知识背景，知悉彼此的专长[225]。在弱连接不断增强的过程中，成员之间彼此信任，更愿意倾听团队内其他成员的意见，更加高效利用团队内分散的知识相互协作，最大限度地

降低了团队内部的误解和冲突,从而使得组织绩效得到提升。因此,本研究提出如下假设。

H7:紧密程度加强的强连接关系正向影响组织绩效。

H8:紧密程度增进的弱连接关系正向影响组织绩效。

H9:数量增加的弱连接关系正向影响组织绩效。

15.2.4 组织沟通效果对组织绩效的影响

信息的准确度在信息传播的过程中会不断衰减。良好沟通质量比沟通频率更能带来组织绩效的提升[222]。高质量的组织沟通表现为主体表达信息准确、信息即时被沟通媒介传递及被接受者高质量地完全感知信息等方面[170]。

信息传递的质量和及时程度影响着员工工作效率。任务相关型沟通和目标相关型沟通减少了任务模糊和不确定等相关问题,可积极影响组织绩效[187]。当工作信息、问题和相关事宜需要在员工间分享时,沟通媒介是当代工作环境中为员工提供信息最便捷的方式[226]。IM 作为组织沟通的重要媒介,将工作信息以用户认可的形式提供给信息接收者,有益于组织多方面提升沟通质量,提高员工的工作绩效[227]。

沟通氛围是影响工作产出非常重要的一个因素。IM 可以帮助企业建立起管理层与下属间的沟通系统。管理层通过传达战略、目标和规章制度等信息,可以满足员工知晓组织信息的需要[195]。在沟通过程中,员工通过使用 IM 增加对信息传递质量的感知性,便越容易获取工作相关信息[228]。IM 提供广泛而深入的信息沟通可以使员工了解领导的决策,充分接收组织信息,提高团队的交流质量[227]。在组织沟通过程中,促进员工深入了解组织,形成对组织认同感,提升组织绩效。

诸如 IM 之类的通信技术日益增长的普适性正在改变现代组织中的沟通实践。其提供的非正式沟通渠道具有沟通形式灵活、速度快,省略许多烦琐的程序等优点,容易及时了解到正式沟通难以提供的信息,真实地反映组织成员的思想、态度和动机。如果一个团队能比较自由和有效地沟通,那么整个团队的运作也会比较有效率,具有更高的解决问题能力。员工通过 IM 可以在干扰最少的环境中,以非正式沟通的组织沟通方式获得与任务相关的有效信息,可以不需要花费过多的时间就能寻找到解决问题的方法[204]。网络交流的异步性使得交流双方拥有充裕的时间精心设计、反复修改所要传递的内容,经过审慎思考、选择、编辑和协调后再向对方传送。在决策过程中的信息共享行为也可以促进组织绩效和创新。由此,本研究提出如下假设。

H10：提升组织沟通中的正式沟通正向影响组织绩效。

H11：提升组织沟通中的非正式沟通正向影响组织绩效。

15.2.5 强、弱连接和组织沟通效果的中介作用

（1）强、弱连接的中介作用

本研究的 H1、H2、H3 及 H4、H5、H6 提出如下假设：首先，员工在工作中使用 IM 积极促成强、弱连接变化。其次，员工间形成的强、弱连接变化会正向影响组织沟通效果。基于此，本研究推出以下作用顺序：IM 的使用促进员工的强、弱连接变化，强、弱连接的变化也会正向影响组织沟通效果，不仅如此，IM 的使用会在工作信息交换的基础上促进强、弱连接的变化，在增进信任的基础上提升组织沟通效果。

本研究的 H7、H8、H9 提出强、弱连接的变化正向影响组织绩效。结合本研究的 H1、H2、H3，本研究推出如下作用顺序：IM 的使用促进员工的强、弱连接变化，强、弱连接变化会促进组织绩效的提升，IM 的使用也可通过强、弱连接的变化所拥有的社会资源积极促进组织绩效。由此，本研究提出如下假设。

H12：强、弱连接变化在 IM 的使用对组织沟通效果影响过程中起中介作用。

H13：强、弱连接变化在 IM 的使用对组织绩效影响过程中起中介作用。

（2）组织沟通效果的中介作用

本研究的 H10、H11 提出组织沟通效果正向影响组织绩效，结合本研究的 H4、H5、H6 及 H7、H8、H9 假设，本研究推出如下作用顺序：强、弱连接的变化正向影响组织沟通效果，积极的组织沟通效果正向影响组织绩效，在强、弱连接变化间进行充分、及时、准确的组织沟通会积极影响组织绩效。由此，本研究提出如下假设。

H14：组织沟通效果在强、弱连接变化对组织绩效影响的过程中起中介作用。

（3）强、弱连接和组织沟通效果的依次中介作用

在前文的假设推演中，本研究推断如下：首先，工作中使用 IM 会带来强、弱连接变化。其次，强、弱连接变化会分别正向影响组织沟通效果和组织绩效。再次，强、弱连接变化在使用 IM 对组织沟通效果及组织绩效影响的过程中，均起到中介作用。最后，组织沟通效果在强、弱连接变化对组织绩效影响的过程中起到中介作用。

基于以上分析，并参考陈梦媛[229]对模型中有两个中介变量的依次中介作用的推论，本研究推出如下作用顺序：员工在工作中使用 IM，会因为强、弱连接变化

提升组织沟通效果,随着组织沟通效果的提升,组织绩效也会随之提升,即工作中使用 IM 会依次通过强、弱连接变化和组织沟通效果对组织绩效带来正向影响。由此,本研究提出如下假设。

H15:强、弱连接变化和组织沟通效果在工作中使用 IM 对组织绩效影响的过程中起着依次中介作用。

15.3 概念模型的构建

本研究的概念模型如图 15.1 所示。假设 H12 提出的中介作用概念模型如图 15.2 所示;假设 H13 提出的中介作用概念模型如图 15.3 所示;假设 H14 提出的中介作用概念模型如图 15.4 所示;假设 H15 提出的依次中介作用概念模型如图 15.5 所示。

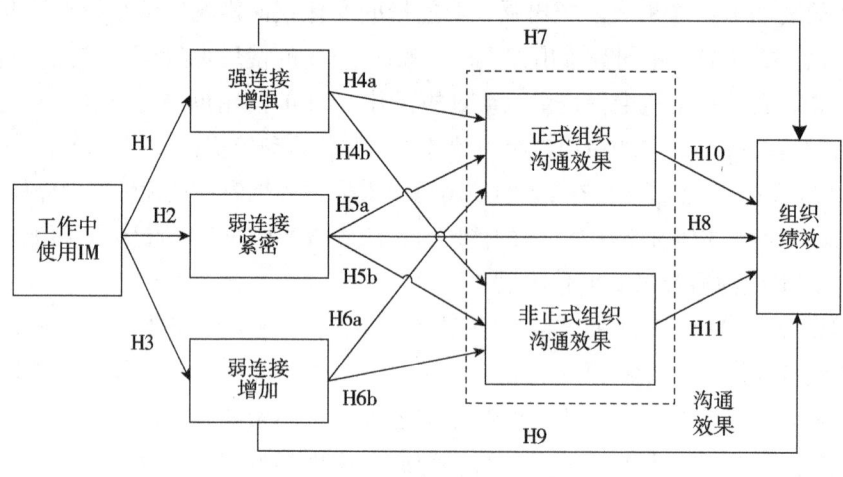

图 15.1　概念模型

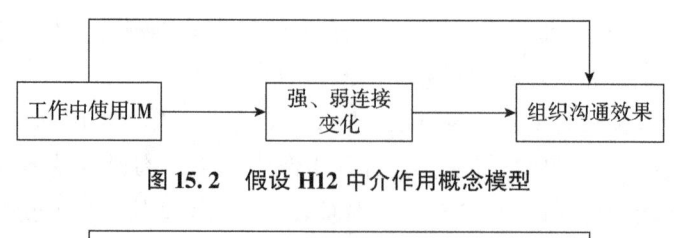

图 15.2　假设 H12 中介作用概念模型

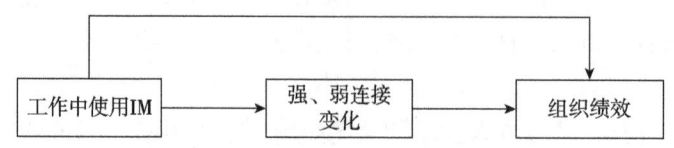

图 15.3　假设 H13 中介作用概念模型

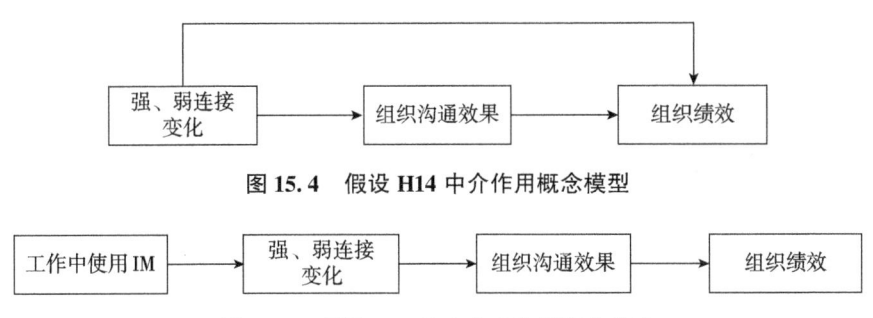

图 15.4 假设 H14 中介作用概念模型

图 15.5 假设 H15 依次中介作用概念模型

15.4 本章小结

本章综合分析了国内外的相关文献资料,将员工的强、弱连接变化的 3 种情况(即强连接增强、弱连接紧密和弱连接增加)及组织沟通的两种沟通方式效果(即正式组织沟通效果和非正式组织沟通效果)作为研究的中介变量,将员工在工作中使用即时通信工具作为研究的自变量,将组织绩效作为研究的因变量深入分析了两两之间的影响,从而得出了本研究的概念模型。

16　研究设计与数据收集

为保证问卷具有较高的信度和效度，本研究设计的问卷在参考国内外学者现有研究的成熟量表基础上，结合本研究的研究内容，形成了初始问卷题项。之后，将初始问卷进行小范围发放、回收，并在导师的帮助下对初始问卷中反馈的不合理题项设计进行了修改，改善了问卷题项的简洁性和准确性。在修正题项后，形成了本研究研究 IM 使用对组织绩效影响的测量问卷。最终形成的正式问卷采用电子问卷和纸质问卷相结合的发放形式，同步对问卷进行回收和数据收集。

16.1　问卷设计

本研究主要讨论 IM 使用对组织绩效的影响机制，通过对企业内部员工的个体调查来反映企业的整体情况。本问卷共包括 3 个大部分，36 个题项。

第一部分，卷首语。向被调查对象说明此次调研的学术研究性质，将会对个人信息进行严格保密，并对被调查对象的参与深表感谢。

第二部分，人员信息统计。统计内容包含性别、年龄、教育水平、所处行业、工作地点、工作时间及个人的职位级别。

第三部分，调查内容。包含被调查对象对工作中使用 IM 的客观评价，对个体强、弱连接变化，组织沟通效果及组织绩效的整体评价。本研究所有题项均采用 Likert 五级量表测度，以 1~5 分别表示"非常不同意""不同意""一般""同意""非常同意"5 个选项。

16.2　变量设计

为保证调查问卷的信度与效度，本研究潜变量的测量大多是借鉴现有文献中的成熟量表。根据本研究调查情境，在不更改设计原则的前提下适当修改了现有量表，形成本研究的调研工具。

16.2.1 自变量

本研究的自变量是工作中使用 IM。现有国内学者对 IM 应用方面的研究较薄弱，所以本研究参考国外学者对 IM 使用方面相关研究文献中的测量题项。

Davis 等[230]从获得有用性和感知易用性两个方面测量"使用信息技术"。Kankanhalli 等[231]在 Davis[230]研究的基础上用 3 个题项，分别从"使用频率""是否经常使用""是否规律使用"3 个方面测量知识转移过程中"使用电子知识库（EKRs）"这一变量。Ou 等[232]在 Kankanhalli 等[231]研究的基础上开发出"工作使用 IM"的 6 个测量题项。这 6 个测量题项是基于前人关于 IM 的案例研究中对"工作中使用 IM"的概念定义及 Kankanhalli[231]改编的关于知识管理频率的测量题项来设置的。本研究问卷沿用 Ou 等[232]研究的测量题项并结合中国企业员工在工作中使用即时通信工具的情景，合并其中两个题项，将"工作中使用 IM"设计为5 个测量题项。其中，"工作中使用 IM"后文用"USE IM"表示。具体员工使用 IM 量表设计如表 16.1 所示。

表 16.1 员工工作中使用 IM 测量量表设计

变量	问题代号	问题描述	题项数/个
工作中使用 IM （USE IM）	USE1	与同事或客户联系	5
	USE2	分享文件	
	USE3	获得解答	
	USE4	回答问题	
	USE5	感情交流	

16.2.2 中介变量

本研究的中介变量主要包括强、弱连接变化和组织沟通效果。

（1）强、弱连接变化

强连接体现了组织内员工间彼此信任、互惠的程度高及彼此交流频率高等方面的属性[196]。弱连接体现了员工在经历、知识、背景及技能熟练程度等方面的差异化程度。Putnam[198]认为强连接具有以下几个特性：专一性、背景相近、有更强的个人联系、提供强烈的情感和实质性的帮助；弱连接具有以下几个特性：忽视深度、注重广度、很少有感情支撑、不同的背景。组织中员工的强、弱连接外在表现为职场友谊。Nielsen 等[233]从友谊机会和友谊强度两个维度测量职场友谊。

因为本研究的研究对象是工作环境中员工拥有的强、弱连接，所以本问卷从职场友谊的机会和强度两个维度出发，结合 Putnam[198]对强、弱连接的概念界定，分别设置强连接增强、弱连接紧密和弱连接增加 3 个变量的题项。其中"强连接增强"的测量题项更加侧重强连接特征的"有更强的个人联系"和"提供强烈的情感和实质性的帮助"；弱连接增加侧重弱连接特征中"广度的增加"和"不同背景的人建立了联系"；弱连接紧密侧重弱连接特征中"深度的增加"和"情感支撑的增强"。其中，"强连接增强"后文用"STS"表示，"弱连接增加"后文用"WTI"表示，"弱连接紧密"后文用"WTS"表示。具体强、弱连接量表设计如表 16.2 所示。

表 16.2 强、弱连接测量量表设计

变量	问题代号	问题描述	题项数/个
强连接增强	STS1	增加了与要好同事间的交流次数	4
	STS2	提升了与要好同事间互助程度	
	STS3	增进了与要好同事间的关系	
	STS4	与要好的同事们建立工作群	
弱连接增加	WTI1	与更多具有相似背景的人建立了联系	2
	WTI2	与更多具有不同背景的人建立了联系	
弱连接紧密	WTS1	增加了与联系频率较低朋间的交流次数	3
	WTS2	增进了与联系频率较低朋间的互助程度	
	WTS3	与联系频率较低朋间的关系变得紧密	

（2）组织沟通效果

组织沟通按照沟通方式可分为正式沟通和非正式沟通。现有学者采用正式沟通和非正式沟通的定义对其衡量。正式沟通一般指在组织内，依据组织明确的规章制度发生的信息传递与沟通交流，如上、下级间的定期汇报工作或每周例会等；而非正式沟通是使用正式沟通渠道之外的信息交流和沟通方式[195]。现有学者多以沟通质量的视角出发，对组织沟通效果进行衡量。Kernan 等[234]设置"组织沟通质量"测量题项的原则为：信息在工作过程中传递的即时性、准确性和充分性。唐贵瑶等[235]采用 Kernan[234]开发的量表测量组织沟通质量。薛晓芳等[236]以信息的准确性、充分性、披露量和即时性作为测量组织间沟通有效性的重要指标。

本问卷以 Kernan[234]设置组织沟通质量的 3 项原则为基础，结合正式沟通和非正式沟通的定义，从信息传递的即时性、准确性和充分性 3 个方面着手提出正式组织沟通效果和非正式组织沟通效果两个方面的测量题项。其中，"正式组织沟通效果"

后文用"FCE"表示,"非正式组织沟通效果"后文用"ICE"表示。FCE1、FCE2和 FCE3 分别侧重正式沟通的充分性、即时性和准确性,ICE1、ICE2 和 ICE3 分别侧重非正式沟通的即时性、充分性和准确性。组织沟通效果量表设计如表 16.3 所示。

表 16.3 组织沟通效果测量量表设计

变量	问题代号	问题描述	题项数/个
正式组织沟通效果	FCE1	查看公司新发布的信息	3
	FCE2	及时与上、下级沟通	
	FCE3	提高了与上、下级或同事间沟通的准确性	
非正式组织沟通效果	ICE1	信息传递及时	3
	ICE2	延时反馈得以充分思考	
	ICE3	以文字或图片形式保留沟通信息	

16.2.3 因变量

本研究对组织绩效的衡量从"个人绩效""团队绩效""创新绩效"3 个方面入手。Rice 等[237]在 1992 年提出对"组织绩效"的测量题项,该题项已被学者们广泛使用,如 Ou 等[238]测量"工作绩效"时采用 Rice 提出的测量题项,Wong 等[239]同样采用 Rice 提出的测量题项测量"组织绩效"。因此,本研究问卷也同样采用该测量题项从"个人绩效"和"团队绩效"两个方面衡量。本问卷对"创新绩效"的测量采用 Janssen 等[240]开发的量表中的两个题项。其中,"组织绩效"后文用"OP"表示。OP1、OP2 和 OP3 对个人绩效进行衡量,OP4 和 OP5 对团队绩效进行衡量,OP6 和 OP7 对创新绩效进行衡量。组织绩效量表设计如表 16.4 所示。

表 16.4 组织绩效测量量表设计

变量	维度	问题代号	问题描述	题项数/个
组织绩效	个人绩效	OP1	我可以快速完成个人工作	7
		OP2	我可以高质量完成个人工作	
		OP3	我有信心完成个人工作	
	团队绩效	OP4	组织可以快速收集和获取决策信息	
		OP5	组织可以持续搜集、完善决策所需信息	
	创新绩效	OP6	新技术、新工作流程及新创意容易在组织中实施	
		OP7	推广组织成员的创新思维被激发	

本研究使用"问卷网"生成电子问卷,向企业的基层员工和中层管理人员共

发放60份电子问卷，最终回收58份有效问卷，获得小样本调研数据。调研对象在工作中普遍频繁使用IM，对IM使用有较深的个人体验和感受。因此，本次小样本调研回收的问卷质量较高。本问卷结合调研对象的反馈意见，在导师的帮助下，对初始问卷存在的词义模糊、表达烦琐等问题进行了修改。这大大提升了问卷的有效性和准确性，对预期结果的实现有较大的帮助。最终调查问卷见附录。

16.3 问卷发放与数据收集

16.3.1 问卷发放与回收

本研究采用纸质问卷和电子问卷相结合的方式来收集数据。借助个人联络通过"问卷网"生成的电子问卷链接向全国范围的在职人员发放、回收电子问卷，并以邮寄填写和现场填写两种形式发放、回收纸质问卷。调查对象为已就业的在职人员，调查情境为员工在工作中使用IM完成工作并进行工作相关内容的交流。接受调查的职员被要求根据当前在工作中使用IM的经历来完成问卷内容的填写。

本次问卷调查时间为2018年6—8月，为期将近2个月，共对在职员工发放1000份问卷，回收问卷925份，问卷总回收率为92.50%。问卷发放与回收详细统计情况如表16.5所示。

表16.5 问卷发放与回收统计情况

问卷形式	数据来源	发放数/份	回收数/份	回收率/%
纸质问卷	山西某大学在职硕士	150	126	84.00
	太原某信息服务公司	80	73	91.25
	北京某软件公司	100	94	94.00
	合肥某电子科技公司	50	49	98.00
	杭州某互联网技术公司	50	50	100.00
	重庆某汽车制造公司	70	67	95.71
	小计	500	459	91.80
电子问卷	"问卷网"	500	466	93.20
总数		1000	925	92.50

对所收回的样本进行筛选剔除以获得可被用于下一步数据分析的所需问卷数据，被剔除样本原因汇总如下：

(1) 纸质问卷
①被访者不符合调研对象要求,即在工作中不使用 IM。
②被访者所选的问卷题项存在漏答、错答等现象。
③被访者所选题项全部相同,答案不能反映被调研对象的真实观点。
(2) 电子问卷
①电子问卷的被访者答题时间明显低于问卷填写平均时长 4 分 25 秒,本研究将答题时间低于 2 分钟的问卷剔除。
②答案出现逻辑错误。

经过以上筛选和剔除过程,其中 852 份回收问卷经筛选后确定为本研究的有效样本,有效率为 92.11%。样本构成如表 16.6 所示。

表 16.6 样本构成统计情况

问卷形式	发放数/份	回收数/份	回收率/%	有效数/份	有效率/%
纸质问卷	500	459	91.80	447	97.39
电子问卷	500	466	93.20	405	86.91
总数	1000	925	92.50	852	92.11

16.3.2 数据描述性统计分析

本研究采用 SPSS 19.0 软件对有效样本的人口统计资料进行描述性统计并分析,分析结果如表 16.7 所示。针对样本描述性统计数据综合分析来看,该调研中样本涉及全国 22 个省、4 个直辖市和 1 个其他国家,具有一定的广泛性。目前我国网民以中青年群体为主,互联网在中年人群中的渗透加强。反观本研究的调查样本:在工作场所中使用即时通信的职员集中在年龄为 26~40 岁的青中年,占比达 68.31%,这与中国网民的分布特征具有高度重合性。调查样本中男、女性别比例较为均衡(1.01∶1),本科、硕士学历比重较大(47.65%、28.99%),参加工作 5 年以上的职员比重较大(45.89%),组织层级中以基层员工和基层管理者为主(63.85%、23.94%)。

以上分析结果说明,本研究结论适用范围是企业职员使用 IM 进行工作交流频率较高的科技创新型企业。该类型企业的员工学历程度和人员素质要求偏高,其在工作方面的沟通也大多涉及专业知识的传递和分享。

表 16.7 样本人口统计资料

测量	项目	频率	占比/%	测量	项目	频率	占比/%
性别	男	429	50.35	工作领域	公务员	36	4.23
	女	423	49.65		事业单位	116	13.62
年龄	25 岁以下	105	12.32		企业	625	73.36
	26~40 岁	582	68.31		其他	75	8.80
	41~55 岁	155	18.19	参加工作时间	2 年以内	220	25.82
	56 岁以上	10	1.17		2~5 年	241	28.29
学历	高中及以下	28	3.29		5 年以上	391	45.89
	大专	130	15.26	职位级别	基层员工	544	63.85
	本科	406	47.65		基层主管	204	23.94
	硕士	247	28.99		中层主管	77	9.04
	博士及以上	41	4.81		高层主管	27	3.17
工作地点	中国东部	329	38.62				
	中国中部	415	48.71				
	中国西部	105	12.32				
	其他国家	3	0.35				

16.4 本章小结

本章主要通过员工的强、弱连接和组织沟通效果研究即时通信工具使用对组织绩效的影响。基于现有学者对"在工作中使用 IM""强、弱连接""组织沟通""组织绩效"的研究,设计出本研究的调查问卷,并根据小样本调研的反馈结果修改问卷,提高调查问卷的准确性。以电子问卷和纸质问卷相结合的方式发放、回收问卷,筛选和剔除无效问卷,并对有效样本进行描述性统计与分析。

17 实证分析与假设检验

本章利用收集到的大数据样本对研究假设模型进行实证分析,偏最小二乘法结构方程模型(PLS-SEM)与Amos、Lisrel等软件提供的基于协方差算法的结构方程模型不同,该方法对数据没有多元正态分布及方差齐性等严格的要求,且可以处理同时含有构成型和反映型的多阶复杂结构模型[170],适用于理论的发展而不是理论的测试,特别适用于预测研究(通过R^2值体现)等方面的特征,具有预测导向性。

本研究的研究目的为探讨IM使用影响组织绩效的机制,故本研究采用PLS-SEM方法对数据进行统计分析。首先使用统计分析软件SmartPLS 3.0对各潜变量进行验证性因子分析来检验量表的信度和效度,然后使用SmartPLS 3.0软件构建结构方程模型,对研究模型和研究假设进行实证检验。

17.1 信度与效度分析

17.1.1 信度分析

信度包括内部一致性和组合信度(construct reliability, C.R.)。内部一致性用Cronbach's α系数值进行测量,当各潜变量的Cronbach's α值大于0.7,说明测量量表的内部一致性非常好[241]。组合信度由C.R.系数值衡量,是由多个测量题项组合成潜变量的信度。如果C.R.组合信度值越大,说明该潜变量的内部一致性越高[242]。Cronbach's α值与C.R.值都大于0.7,则认为该量表的信度水平高。SmartPLS 3.0对本测量量表信度分析结果如表17.1所示,从表17.1可看出,各潜变量的Cronbach's α系数值介于0.713~0.925,并且C.R.组合信度达到0.839以上,说明本研究测量量表具有良好的信度。

表 17.1 变量信度检验结果

变量	题项个数/个	Cronbach's α	C.R.	AVE
工作中使用 IM（USE IM）	4	0.843	0.895	0.680
强连接增强（STS）	4	0.888	0.923	0.749
弱连接紧密（WTS）	3	0.886	0.929	0.814
弱连接增加（WTI）	2	0.835	0.924	0.858
正式组织沟通效果（FCE）	3	0.713	0.839	0.635
非正式组织沟通效果（ICE）	3	0.802	0.883	0.716
组织绩效（OP）	7	0.925	0.940	0.690

17.1.2 效度分析

效度分析主要测量的是问卷有效性，即问卷是否能够有效地反映出研究者欲研究的问题和目的，常从收敛效度和区分效度两个方面进行分析。

收敛效度可以通过潜变量的 AVE 值（平均提取方差）、C.R. 组合信度和所有题项的因子载荷系数来检验。一般认为，AVE 值高于 0.5，C.R. 组合信度高于 0.7 则具有较高的收敛效度[243]。各潜变量测量题项的因子载荷均大于 0.6 且均满足显著性 $p < 0.001$，说明测量题项可以较好地解释潜变量的含义[244]，从表 17.1 可以看出，本研究涉及所有潜变量的 AVE 值均高于 0.635，C.R. 组合信度高于 0.839。

由于 USE IM4 这一个测量的因子载荷系数小于 0.6，为保证测量量表的收敛效度，因此删去 USE IM4 这一个测量题项。本研究各变量剔除测量题项 USE IM4 后的因子载荷系数分析结果如表 17.2 所示。由表 17.2 可以看出，本研究各变量测量题项的因子载荷系数均高于 0.772，表明在剔除测量题项 USE IM4 后，该量表具有很好的收敛效度。

表 17.2 因子载荷系数

测量因子	USE IM	STS	WTS	WTI	FCE	ICE	OP
USE IM1	0.800	0.414	0.303	0.404	0.310	0.474	0.466
USE IM2	0.866	0.523	0.353	0.484	0.407	0.540	0.515
USE IM3	0.858	0.512	0.409	0.529	0.436	0.528	0.567
USE IM5	0.772	0.512	0.413	0.444	0.313	0.461	0.520
STS1	0.574	0.866	0.475	0.405	0.521	0.401	0.454

续表

测量因子	USE IM	STS	WTS	WTI	FCE	ICE	FP
STS2	0.545	0.899	0.469	0.462	0.511	0.425	0.463
STS3	0.469	0.883	0.509	0.475	0.528	0.383	0.472
STS4	0.480	0.812	0.396	0.387	0.532	0.369	0.377
WTS1	0.391	0.475	0.876	0.564	0.409	0.378	0.532
WTS2	0.418	0.490	0.914	0.544	0.389	0.434	0.623
WTS3	0.415	0.483	0.915	0.528	0.436	0.472	0.646
WTI1	0.542	0.498	0.520	0.927	0.370	0.484	0.564
WTI2	0.511	0.428	0.598	0.926	0.367	0.489	0.586
FCE1	0.335	0.428	0.359	0.314	0.781	0.387	0.379
FCE2	0.392	0.532	0.335	0.307	0.798	0.396	0.353
FCE3	0.345	0.480	0.395	0.330	0.811	0.358	0.444
ICE1	0.513	0.391	0.411	0.467	0.434	0.818	0.535
ICE2	0.488	0.340	0.344	0.399	0.362	0.841	0.522
ICE3	0.540	0.422	0.447	0.462	0.411	0.879	0.607
OP1	0.576	0.434	0.536	0.533	0.429	0.559	0.814
OP2	0.558	0.447	0.549	0.513	0.399	0.577	0.833
OP3	0.504	0.420	0.608	0.515	0.417	0.550	0.869
OP4	0.553	0.445	0.523	0.508	0.420	0.572	0.815
OP5	0.528	0.391	0.527	0.529	0.408	0.560	0.844
OP6	0.471	0.409	0.534	0.469	0.394	0.493	0.796
OP7	0.471	0.424	0.603	0.536	0.401	0.511	0.840

区分效度通过变量 AVE 值的平方根与各变量间的相关系数比较来检验[254]，若潜变量 AVE 值的平方根大于各变量间的相关系数，且各变量间的相关系数值小于 0.7，则说明测量量表具有良好的区分效度，从而支持测量的收敛有效性。本研究变量的相关系数矩阵与 AVE 的平方根分析结果如表 17.3 所示。由表 17.3 可以看出，每个变量的 AVE 的平方根均大于相关系数，且各变量间的相关系数值最大为 0.668，小于标准值 0.7。因此，本研究量表具有良好的区分效度。

表 17.3　区分效度检验结果

	USE IM	STS	WTS	WTI	FCE	ICE	OP
USE IM	**0.825**						
STS	0.599	**0.865**					
WTS	0.452	0.535	**0.902**				
WTI	0.568	0.500	0.603	**0.927**			
FCE	0.449	0.604	0.456	0.398	**0.797**		
ICE	0.608	0.457	0.476	0.525	0.477	**0.846**	
OP	0.630	0.511	0.668	0.620	0.493	0.658	**0.830**

注：对角线加粗数字为因子抽取平均方差（AVE）的平方根，非对角线数字为变量间的相关系数。

除此之外，本研究通过计算各测量题项的方差膨胀因子（VIF）来检验测量题项间是否存在多重共线性问题。本研究各测量题项的 VIF 值分析结果如表 17.4 所示。由表 17.4 可以看出，模型各测量题项的 VIF 值最大值为 3.021，低于临界值 3.3[245]，说明模型所选择的测量题项间不存在严重的多重共线性问题。

表 17.4　各测量题项的方差膨胀因子（VIF）

测量因子	VIF 值	测量因子	VIF 值
USE IM1	1.849	FCE1	1.389
USE IM2	2.369	FCE2	1.397
USE IM3	2.173	FCE3	1.394
USE IM5	1.527	ICE1	1.547
STS1	2.319	ICE2	1.832
STS2	2.970	ICE3	1.936
STS3	2.711	OP1	2.686
STS4	1.863	OP2	2.891
WTS1	2.057	OP3	3.021
WTS2	2.057	OP4	2.456
WTS3	2.245	OP5	2.878
WTI1	2.800	OP6	2.275
WTI2	2.719	OP7	2.716

17.2 模型假设检验

根据前文提出的理论假设,构建了即时通信工具使用对组织绩效作用机制的概念模型,利用 SmartPLS 3.0 构建了结构方程模型。本研究的模型检验结果如图 17.1 所示。R^2 是 PLS 路径模型中用来评价内部关系解释效果的重要指标,一般认为 $R^2=0.19$ 左右表示解释能力薄弱,$R^2=0.33$ 表示中度解释能力,$R^2>0.50$ 则表示模型具有非常好的解释能力。从图 17.1 可以看出,本研究模型解释"加强强连接""紧密弱连接""增加弱连接""正式组织沟通效果""非正式组织沟通效果""组织绩效"的变异量分别为 35.8%($R^2=0.358$)、20.4%($R^2=0.204$)、32.3%($R^2=0.323$)、39.1%($R^2=0.391$)、34.3%($R^2=0.343$)与 62.5%($R^2=0.625$),表明本研究模型具有很好的解释力度。

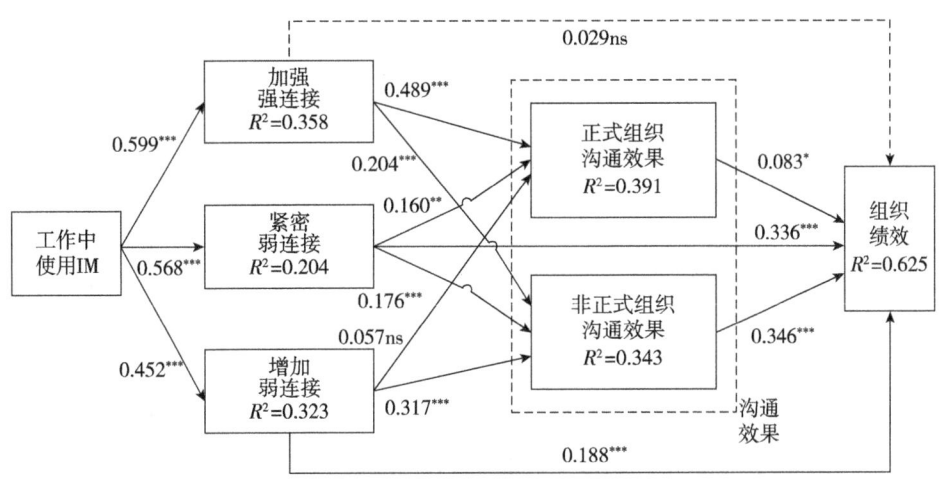

图 17.1 模型路径系数结果

研究假设检验使用 Bootstrapping 自助抽样的非参数推断方法来计算 T 值,根据 T 值大小判断显著性水平,一般认为 T 值大于 1.96 则表示因果关系显著。本研究各变量间关系及对应概念模型中的相关假设显著性检验结果如表 17.5 所示。

表 17.5 模型路径系数检验结果

路径	路径系数	T 统计量	P 值	检验结果
USE IM→STS	0.599***	22.929	0.000	接受
USE IM→WTI	0.452***	15.574	0.000	接受

续表

路径	路径系数	T 统计量	P 值	检验结果
USE IM→WTS	0.568***	20.288	0.000	接受
STS→FCE	0.489***	12.286	0.000	接受
STS→ICE	0.204***	5.054	0.000	接受
WTS→FCE	0.160**	3.257	0.001	接受
WTS→ICE	0.176***	3.852	0.000	接受
WTI→FCE	0.057ns	1.190	0.235	拒绝
WTI→ICE	0.317***	6.781	0.000	接受
STS→OP	0.029ns	0.846	0.398	拒绝
WTS→OP	0.336***	9.112	0.000	接受
WTI→OP	0.188***	5.186	0.000	接受
FCE→OP	0.083*	2.367	0.018	接受
ICE→OP	0.346***	11.592	0.000	接受

从表17.5可看出，除H6a和H7这两个假设外，其余各研究假设均获得数据支持。即时通信工具使用促进强连接增强（$\beta=0.599$，$p<0.001$），弱连接增加（$\beta=0.452$，$p<0.001$），弱连接紧密（$\beta=0.568$，$p<0.001$），假设H1、H2和H3得到了验证。

强连接增强对正式组织沟通效果（$\beta=0.489$，$p<0.001$）和非正式组织沟通效果（$\beta=0.204$，$p<0.001$）均具有显著的正向影响，假设H4a、H4b得到了验证。

弱连接紧密对正式组织沟通效果（$\beta=0.160$，$p<0.01$）和非正式组织沟通效果（$\beta=0.176$，$p<0.001$）均具有显著的正向影响，假设H5a、H5b得到了验证。

弱连接增加对正式组织沟通效果的路径系数为0.057，但未通过显著性检验，拒绝了假设H6a；弱连接增加对非正式组织沟通效果（$\beta=0.317$，$p<0.001$）具有显著的正向影响，假设H6b得到了验证。

强连接增强对组织绩效的路径系数为0.029，未通过显著性检验，拒绝了假设H7；弱连接紧密（$\beta=0.336$，$p<0.001$）和弱连接增加（$\beta=0.188$，$p<0.001$）均对组织绩效有显著的正向影响，假设H8、H9得到了验证。

正式组织沟通效果（$\beta=0.083$，$p<0.05$）和非正式组织沟通效果（$\beta=0.346$，$p<0.001$）均对组织绩效有显著的正向影响，假设H10、H11得到了验证。

17.3 中介效应分析

除潜变量之间的直接作用外，还有变量通过中介变量对其他潜变量造成影响，如组织绩效不仅受到正式组织沟通效果和非正式组织沟通效果的直接影响，工作中使用IM、强连接加强、弱连接紧密、弱连接增加这4个变量还通过正式组织沟通效果和非正式组织沟通效果这两个中介变量对组织绩效间接造成影响。表17.6列出了内部模型的间接作用（indirect effect）关系的大小。从表17.6中可以看出，在间接影响效果上，工作中使用IM、强连接增强和弱连接增加这3个要素对组织绩效影响效果最为显著。

表17.6 模型变量之间的间接效应矩阵

	USE IM	STS	WTS	WTI	FCE	ICE	OP
USE IM					0.398	0.382	0.441
STS							0.111
WTS							0.074
WTI							0.114
FCE							
ICE							
OP							

SmartPLS 3.0中PLS–SEM和Bootstrapping提供了模型路径的特别间接效应（specific indirect effects），结果如表17.7所示。由表17.7可以看出，共有5条路径的中介效应未通过假设检验，分别是："USE IM→WTI→FCE""USE IM→STS→OP""WTI→FCE→OP""USE IM→WTS→FCE→OP""USE IM→WTI→FCE→OP"。其中，"USE IM→WTI→FCE"的中介作用被拒绝（$p = 0.241$），说明工作中使用IM不能通过促进弱连接增加正向影响正式组织沟通效果，但强连接增强和弱连接紧密依然可以在使用IM对正式组织沟通效果影响的过程中起中介作用。因此，假设H12得到了部分验证。

"USE IM→STS→OP"的中介作用被拒绝（$p = 0.404$），说明工作中使用IM不能通过强连接增强的中介作用对组织绩效产生影响，但弱连接紧密和弱连接增加可以在使用IM对组织绩效影响的过程中起中介作用。因此，假设H13得到了部分验证。

"WTI→FCE→OP"的中介作用被拒绝（$p=0.297$），说明弱连接增加不能通过增强正式组织沟通效果影响组织绩效，但正式组织沟通效果依然在强连接增强和弱连接紧密分别影响组织绩效的过程中起中介作用。因此，假设 H14 得到了部分验证。

"USE IM→WTS→FCE→OP"（$p=0.050$）和"USE IM→WTI→FCE→OP"（$p=0.301$）的依次中介作用被拒绝，但依然存在"USE IM→STS→FCE→OP""USE IM→STS→ICE→OP""USE IM→WTS→ICE→OP""USE IM→WTI→ICE→OP"这 4 条路径的依次中介作用。因此，假设 H15 得到了部分验证。

表 17.7 模型路径的间接效应检验

模型路径	原始样本（O）	样本均值（M）	标准差	T 统计量	P 值
USE IM→STS→FCE	0.293	0.296	0.029	10.012	0.000
USE IM→STS→ICE	0.122	0.122	0.027	4.604	0.000
USE IM→WTS→FCE	0.072	0.072	0.024	3.051	0.002
USE IM→WTS→ICE	0.08	0.08	0.022	3.557	0.000
USE IM→WTI→FCE	0.033	0.032	0.028	1.175	0.241
USE IM→WTI→ICE	0.18	0.181	0.031	5.74	0.000
USE IM→STS→OP	0.017	0.017	0.021	0.835	0.404
USE IM→WTS→OP	0.152	0.153	0.021	7.246	0.000
USE IM→WTI→OP	0.107	0.108	0.023	4.648	0.000
STS→FCE→OP	0.04	0.041	0.018	2.254	0.025
STS→ICE→OP	0.071	0.07	0.016	4.523	0.000
WTS→FCE→OP	0.013	0.013	0.007	1.983	0.048
WTS→ICE→OP	0.061	0.06	0.016	3.78	0.000
WTI→FCE→OP	0.005	0.005	0.005	1.044	0.297
WTI→ICE→OP	0.11	0.109	0.019	5.667	0.000
USE IM→STS→FCE→OP	0.024	0.025	0.011	2.215	0.027
USE IM→STS→ICE→OP	0.042	0.042	0.01	4.242	0.000
USE IM→WTS→FCE→OP	0.006	0.006	0.003	1.962	0.050
USE IM→WTS→ICE→OP	0.028	0.027	0.008	3.535	0.000
USE IM→WTI→FCE→OP	0.003	0.003	0.003	1.035	0.301
USE IM→WTI→ICE→OP	0.062	0.062	0.012	5.062	0.000

总效用为直接作用与间接作用之和，以组织绩效为例，共有 6 个潜变量对其

进行影响，这其中有正式组织沟通效果和非正式组织沟通效果的直接影响，还受到强连接增强、弱连接紧密、弱连接增加及工作中使用 IM 这 4 个变量的间接影响作用。内部模型的总效用即为直接作用和间接作用之和，表 17.8 列出了模型间变量的总效用。从表 17.8 可以看出，工作中使用 IM 和强连接增强这两个因素对正式组织沟通效果形成较大的影响；工作中使用 IM 和弱连接增加这两个因素对非正式组织沟通效果形成较大的影响；工作中使用 IM、弱连接增强、弱连接增加和非正式组织沟通效果对组织绩效存在较大的影响。

表 17.8 模型的总效应矩阵

	USE IM	STS	WTS	WTI	FCE	ICE	OP
USE IM		0.599	0.452	0.568	0.398	0.382	0.441
STS					0.489	0.204	0.140
WTS					0.160	0.176	0.410
WTI					0.057	0.317	0.303
FCE							0.083
ICE							0.346
OP							

17.4 实证研究结果

本研究的研究假设检验结果如表 17.9 所示，在所提出的 18 个假设检验中，有 12 个得到了验证，2 个假设检验被拒绝，4 个假设检验得到了部分验证。

表 17.9 研究假设检验结果

序号	假设	检验结果
H1	在工作中使用 IM，加强了强连接关系的紧密程度	接受
H2	在工作中使用 IM，增进弱连接关系的紧密程度	接受
H3	在工作中使用 IM，增加了弱连接关系的数量	接受
H4a	紧密程度加强的强连接关系提升组织沟通中的正式组织沟通效果	接受
H4b	紧密程度加强的强连接关系提升组织沟通中的非正式组织沟通效果	接受
H5a	紧密程度增进的弱连接关系可提升组织沟通中的正式组织沟通效果	接受
H5b	紧密程度增进的弱连接关系可提升组织沟通中的非正式组织沟通效果	接受
H6a	数量增加的弱连接关系可提升组织沟通中的正式组织沟通效果	拒绝

续表

序号	假设	检验结果
H6b	数量增加的弱连接关系可提升组织沟通中的非正式组织沟通效果	接受
H7	紧密程度加强的强连接关系正向影响组织绩效	拒绝
H8	紧密程度增进的弱连接关系正向影响组织绩效	接受
H9	数量增加的弱连接关系正向影响组织绩效	接受
H10	提升组织沟通中的正式沟通正向影响组织绩效	接受
H11	提升组织沟通中的非正式沟通正向影响组织绩效	接受
H12	强、弱连接变化在 IM 的使用对组织沟通效果影响过程中起中介作用	部分接受
H13	强、弱连接变化在 IM 的使用对组织绩效影响过程中起中介作用	部分接受
H14	组织沟通效果在强、弱连接变化对组织绩效影响的过程中起中介作用	部分接受
H15	强、弱连接变化和组织沟通效果在工作中使用 IM 对组织绩效影响的过程中起着依次中介作用	部分接受

假设 H1、假设 H2 和假设 H3 通过了检验，这说明在工作中使用 IM 会正向促进员工的强连接增加、弱连接紧密和弱连接增加这 3 种情况的发生。

假设 H4a、H5a 通过了检验，说明强连接增强和弱连接紧密均会正向影响正式组织沟通效果，且强连接增强对正式组织沟通效果的影响强于弱连接紧密。

但假设 H6a 检验被拒绝，说明弱连接增加不会对正式组织沟通效果有显著影响。

假设 H4b、H5b 和 H6b 均通过了检验，这说明强连接增强、弱连接紧密和弱连接增加均会正向影响非正式组织沟通效果，其中弱连接增加对非正式组织沟通效果的影响程度高于强连接增强和弱连接紧密。

值得注意的是，假设 H7 未通过检验，说明强连接增强不会对组织绩效产生显著的正向影响。

假设 H8、H9 通过了检验，说明弱连接增强和弱连接增加均会正向促进组织绩效。

假设 H10、H11 的检验结果也得到了验证，说明组织沟通产生的正式组织沟通效果和非正式组织沟通效果均会正向影响组织绩效，且非正式组织沟通效果对组织绩效的影响程度明显高于正式组织沟通效果。

本研究的中介效应分析发现，对于强连接增强来说，只能通过正式组织沟通效果和非正式组织沟通效果这两个变量的中介作用才能对组织绩效产生影响。另外，员工不能在工作中使用 IM 促进形成弱连接紧密，继而通过组织正式沟通的依次中介作用正向影响组织绩效。除此之外，员工不能在工作中使用 IM 促进弱连接增加对正式组织沟通效果产生影响，也不能通过正式组织沟通效果的依次中介作用正向影响组织绩效。

17.5　本章小结

本章基于问卷发放和回收的 852 个有效样本数据，使用 SmartPLS 3.0 软件提供的 PLS – SEM 和 Bootstrapping 方法对数据进行统计分析，建立结构方程模型对研究假设进行实证检验。从实证研究结论可看出，员工在工作中使用 IM 正向影响组织绩效，强、弱连接和组织沟通效果等中介变量在此过程中形成了不同的影响路径组合，通过不同的路径可不同程度地影响组织绩效。

18 研究结论与讨论

本研究对工作中即时通信工具使用，员工的强、弱连接变化，组织沟通效果和组织绩效四者之间的关系进行了深入探讨与分析。通过对得出的研究结果进行分析、整合和总结，提出本研究的研究结论和有借鉴意义的管理启示。最后说明本研究存在的局限性，并提出今后的研究展望。

18.1 研究结论与管理启示

18.1.1 研究结论

IM 自身拥有很多如用户感知易用性、同步异质性和多情景交流等优点，使其从工作场所使用的众多沟通媒介中脱颖而出。目前，IM 越来越频繁地在企业中被应用，并在员工间沟通交流方面发挥重要作用。当员工与交流对象处在不同地理位置时，该优势更加明朗。IM 使用时发生的信息传递，以用户间信任为基础，以沟通为外在表现形式，作用于组织绩效。本研究从员工的强、弱连接和组织沟通效果两个方面构建模型，以检验 IM 使用对组织绩效的影响路径。通过理论演绎、模型建构、调查问卷及统计分析等一系列过程，结合使用 SmartPLS 3.0 统计分析软件建立的结构方程模型，本研究明确了在工作中使用 IM 的影响。具体而言，本研究得到如下结论。

(1) IM 使用对员工的强、弱连接有正向影响作用

科技创新型企业的员工在工作中使用 IM 对强连接增强、弱连接紧密和弱连接增加三者之间均存在着直接作用路径。在工作中使用 IM 可以给员工提供更多建立联系的机会，实现即时的信息传递和较高效率的文件共享，获得针对性解决问题的解答，这一过程不仅可以建立起员工间的信任基础，还可以对员工间的关系产生直接影响，即增强了员工现有的强连接关系，员工弱连接关系变得更加紧密，员工弱连接的数量得到了增加。

(2) 员工的强、弱连接关系变化对组织绩效产生影响

1) 强连接增强对组织绩效的影响

强连接增强未对组织绩效产生直接影响，但强连接增强通过组织沟通的正式组织沟通效果和非正式组织沟通效果的中介作用对组织绩效产生影响。强连接增强对正式组织沟通效果的总影响高于对非正式组织沟通效果的总影响。这可能是由于强连接关系通常代表着行动者之间具有较亲密的高度互动。强连接关系间由于具有相似的态度、频繁的互动，通常会强化已有的认知和观点，从而降低了与其他观点的融合度。组织信息虽然能够以较快的速度在员工间形成的强连接关系间流动，但此时包含的重复信息较多。故认为强连接网络的增强并不能直接影响组织绩效。只有传递的组织沟通内容达到准确、即时和充分的效果才能对组织绩效产生正向影响。

2) 弱连接紧密对组织绩效的影响

首先，弱连接紧密可直接较强程度地正向影响组织绩效。在组织内，弱连接是连接不同组织部门的桥梁，弱连接关系程度的加深和感情支持的增加，无疑是在加固部门间的沟通桥梁，促进组织内部形成团结协作、同心协力的良好工作氛围，正向影响组织绩效。其次，弱连接紧密也可通过组织沟通的正式组织沟通效果和非正式组织沟通效果的中介作用对组织绩效产生影响。增强的弱连接将会提升组织内外及部门内外获得信息的质量，若增强的弱连接间沟通内容能够达到信息及时传递、利用即时通信工具的延时反馈给信息的接收方以充分思考的机会及将沟通信息最大限度地保留其准确性等效果，这均会更大限度地改善组织绩效。值得注意的是，弱连接紧密对正式与非正式组织沟通效果的总影响程度相当，对组织绩效的总影响高过强连接增强和弱连接增加这两类人际关系变化。

3) 弱连接增加对组织绩效的影响

首先，弱连接增加可直接正向影响组织绩效。对员工而言，在现实工作生活中与联系不频繁、有一定心理距离的弱连接间建立联系多半是因为需要解决特定问题。弱连接关系较强连接关系的维护成本低，所以员工通过弱连接数量的增加，可以获取更多有价值的、非重复性的信息，正向影响组织绩效。其次，弱连接增加可通过非正式组织沟通效果的中介作用对组织绩效产生影响。组织正式沟通中涉及的组织规章制度及组织流程等内容对解决特定问题的效果微乎其微，员工与因特定问题增加的弱连接关系间的沟通交流，多以非正式沟通形式将员工需要的信息进行传递，提升组织绩效。值得注意的是，弱连接增加对非正式组织沟通效果的总影响程度最大，对组织绩效的总影响程度高于强连接增强而小于弱连接紧密。

(3) 组织沟通效果正向影响组织绩效

正式组织沟通效果和非正式组织沟通效果均对组织绩效产生直接的正向影响，且非正式组织沟通效果对组织绩效的总影响要明显强于正式组织沟通效果。正式沟通中的上行沟通和下行沟通对建立共享愿景、改善工作流程、提高组织绩效都具有明显的作用，非正式沟通的平行沟通则会增强团队成员间的信任、营建良好的工作氛围，这些均会正向影响组织绩效。

18.1.2 管理启示

本研究选取了 IM 的使用和强连接增强、弱连接紧密、弱连接增加、正式组织沟通效果、非正式组织沟通效果及组织绩效进行分析。根据本研究的研究结论（1）、（2）和（3），IM 的使用可以通过员工的强、弱连接关系变化及组织沟通效果直接或者间接地对组织绩效产生影响。因此，企业在考虑提高组织绩效的同时，对于 IM 的使用考虑必不可少。很多以 IM 为主要沟通媒介的科技创新型企业急需从理论上获得指导，本研究正是从这个角度出发，希望能够对企业如何建立有效的沟通体系提供一些帮助。

（1）充分利用企业 IM 平台

高层管理者应利用 IM 平台，积极建立中高层管理者间联系，督促下级主管在 IM 平台上及时更新、发布企业相应的部门规章制度、工作流程等工作信息，同时突出主题和重要信息，控制组织信息的过渡流动[246]，提升信息主题的凝聚度[247]；中基层管理者可以利用 IM 积极促进部门外、项目间的信息交流，积极建立部门之间的联系，提供能够查询到组织成员的背景资料，增强专业知识的传导和管理；基层员工间应互加通讯录好友，促进员工间信息的扁平化流动，提高员工查找所需工作内容的准确性和时效性。

（2）促进员工形成良好的工作关系，重视组织沟通效果

①组织管理者应尝试使用 IM 提供的交流渠道，加强企业不同部门间员工关系，积极促进员工建立工作群，促进员工间的相互了解，并且鼓励员工在 IM 平台上为部门外的同事分享工作伙伴，促进员工在组织内形成更多的弱连接，互补企业资源，为企业创造更多的价值。针对弱连接增加这类型人际关系，组织管理者应在使用 IM 进行组织沟通时重视非正式组织沟通效果，即保证信息传递及时、提供信息延时反馈的可能和保留必要的交流信息等，积极促进组织绩效的提升。

②中基层管理者在使用 IM 进行组织沟通时，不仅应积极促进员工间形成信任、协同合作、凝聚共识和分享知识的积极氛围，也要增加同事彼此间的信任与

亲近感，形成弱连接紧密这种对组织绩效影响程度最大的人际关系，注重提升组织沟通的有效性。

③员工使用 IM 与关系紧密的强连接关系进行组织沟通时，应重视正式组织沟通效果，即及时、准确、充分地表达自己的思想，促进员工间形成高效协作，最终实现信息的高效传递，促进组织绩效的提高。

18.2 研究展望

虽然本研究通过分析得出了具有借鉴价值的研究结论，但仍需承认存在较多局限。参与调研人员的个性特质、研究方法的差异等均会对研究结论产生影响，这些方面需要在以后的研究中进一步改善。

①使用偏好的影响。本研究在研究 IM 使用对组织绩效的影响时，以在工作中使用 IM 的员工为研究样本。在这一背景下，员工本身可能具有工作中使用 IM 的偏好。不仅如此，在进行组织沟通的过程中，交流媒介的选择可能同时受到信息发出方和信息接收方偏好的影响。未来的研究可以将信息发出方和接收方的使用偏好作为调节变量加入到模型中，探究信息发出方和接收方沟通媒介的使用偏好如何影响"即时通信工具→组织绩效"。

②强、弱连接变化转化的研究局限性。本研究衡量员工强、弱连接关系变化的3种情况时，是从强、弱连接的概念和职场友谊的机会及强度这两个维度入手，采用较为主观的问卷题项测量。因强连接和弱连接之间转化的过程并不能准确描述衡量，本研究并没有研究强连接和弱连接两者关系间转化的这两种情况对组织绩效的影响。未来的研究可以研究强连接关系和弱连接关系之间的转化过程，探究员工社会资本的变化如何影响组织绩效。

附录：即时通信（IM）工具使用对组织绩效的影响调查问卷

尊敬的被访者：

您好！

非常感谢您在百忙之中抽出时间参与本次调查。本次问卷旨在探究即时通信工具（如微信、QQ等）如何影响组织绩效，调查结果仅供学术研究，个人资料绝不对外公开，您不用有所顾虑。回答没有对错之分，只需选择您认可的选项。为了您能够更好地理解本问卷，先对相关名词进行解释。

即时通信（instant messaging，IM）工具是指：QQ、微信、Facebook、企业自主研发或购买的即时通信软件或其他可用于即时通信的网络沟通软件。

强连接：要好的同事、即时通信工具通讯录中有对方且沟通频率高。

弱连接：联系不频繁的朋友、即时通信工具通讯录中有对方但沟通频率低，或者通讯录中未加好友但可以通过群或好友推荐能够联系到的人。

您的看法对我们的研究十分重要，请根据您的实际情况和真实想法耐心作答。对您的参与深表感谢！

请仔细阅读下列问题，根据您的认同程度在相应的项上打"√"。

1. 您的性别是？

    ◎男　　　◎女

2. 您的年龄是？

    ◎25岁以下　◎26~40岁　◎41~55岁　◎56岁以上

3. 您的学历是？

    ◎高中及以下　◎大专　◎本科　◎硕士　◎博士及以上

4. 您的工作年限是？

    ◎未就业（结束问卷）　◎2年以内　◎2~5年　◎5年以上

5. 您工作的领域为？

    ◎公务员（转至第6题）　◎事业单位（跳转至①）　◎企业（跳转至

②）　◎其他（转至第 6 题）

①您所在事业单位所属机构为？

◎公益性事业单位　◎教育事业单位　◎其他非公益性单位

②您所在企业的所有权属性为？

◎国有企业　◎民营企业　◎投资企业　◎其他

6. 您的工作地点是在哪个地区？

◎中国东部地区　◎中国中部地区　◎中国西部地区　◎其他国家

7. 您所在的城市是_____？（请填写）

8. 您目前的职位类别是？

◎基层员工　◎基层主管　◎中层主管　◎高层主管

9. 在工作过程中，我经常使用即时通信工具协助完成工作。

◎是（继续问卷）　◎否（结束问卷）

您在回答以下问卷内容时，均是建立在您使用即时通信工具协助工作的前提下。

序号	题项	非常不同意	不同意	一般	同意	非常同意
10	即时通信工具是我在工作中与同事或客户进行联系的重要工具之一	◎	◎	◎	◎	◎
11	我在工作中经常使用即时通信工具分享文件	◎	◎	◎	◎	◎
12	工作中遇到问题时，我经常使用即时通信工具获得问题的解答	◎	◎	◎	◎	◎
13	在工作中，我经常回答同事或客户在即时通信工具上提出的问题	◎	◎	◎	◎	◎
14	即时通信工具是我与同事或客户感情交流的重要工具之一	◎	◎	◎	◎	◎
15	我与要好同事之间的交流次数增加了	◎	◎	◎	◎	◎
16	我与要好同事间互相帮助的程度提升了	◎	◎	◎	◎	◎
17	由于工作需要，我与要好同事间的关系增进了	◎	◎	◎	◎	◎
18	我与要好的同事们建立了工作群，便于沟通交流	◎	◎	◎	◎	◎
19	我通过朋友推荐或群功能与更多相近背景的人建立了联系	◎	◎	◎	◎	◎
20	我能够获得不同背景专业人士的意见和建议	◎	◎	◎	◎	◎

序号	题项	非常不同意	不同意	一般	同意	非常同意
21	我增加了和通讯录中联系频率较低朋友间的交流次数	◎	◎	◎	◎	◎
22	我增进了和通讯录中联系频率较低朋友之间的了解和信任	◎	◎	◎	◎	◎
23	与通讯录中联系频率较低的朋友交流后，我们之间的关系变得紧密了	◎	◎	◎	◎	◎
24	我可以查看公司发布的所有信息	◎	◎	◎	◎	◎
25	我能及时与上、下级沟通	◎	◎	◎	◎	◎
26	我提高了与上、下级或同事间沟通的准确性	◎	◎	◎	◎	◎
27	我可以保证信息传递的及时性	◎	◎	◎	◎	◎
28	信息的延时反馈形式给我提供了充分思考的机会	◎	◎	◎	◎	◎
29	我可以用文字或图片形式保留沟通信息，便于理解和后期查看	◎	◎	◎	◎	◎
30	我可以快速完成个人工作	◎	◎	◎	◎	◎
31	我可以高质量完成个人工作	◎	◎	◎	◎	◎
32	我有信心完成个人工作	◎	◎	◎	◎	◎
33	组织可快速收集和获取决策信息	◎	◎	◎	◎	◎
34	组织可完善决策所需信息	◎	◎	◎	◎	◎
35	组织成员的创新思维被激发	◎	◎	◎	◎	◎
36	新技术、新流程及新创意可以在组织内实施	◎	◎	◎	◎	◎

感谢您的帮助，祝您生活愉快。

参考文献

[1] 李天国. 逆全球化：金砖国家经济风险与应对策略 [J]. 国际经济合作, 2017 (8): 4-11.

[2] 周维富. 我国实体经济发展的结构性困境及转型升级对策 [J]. 经济纵横, 2018 (3): 52-57.

[3] 李俭国, 肖磊. 创新驱动与我国经济发展方式转变 [J]. 当代经济研究, 2015 (8): 68-75.

[4] 王国红, 宫辰, 邢蕊. 知识视角下创业合成对高新技术产业演化的作用研究 [J]. 科技管理研究, 2017, 37 (21): 84-92.

[5] 2017 "收官季"！这五个关键字勾勒中国经济新气象 [EB/OL]. (2017-11-20) [2019-05-10]. http://news.2500sz.com/doc/2017/11/20/183759.shtml.

[6] 向景, 马光荣, 魏升民. 减税能否提振企业绩效：基于上市公司数据的实证研究 [J]. 学术研究, 2017 (10): 102-108.

[7] DICKINSON V. Cash flow patterns as a proxy for firm life cycle [J]. Social science electronic publishing, 2011, 86 (6): 1969-1994.

[8] 许罡, 朱卫东, 孙慧倩. 政府补助的政策效应研究：基于上市公司投资视角的检验 [J]. 经济学动态, 2014 (6): 87-95.

[9] 成瑶. 税收政策变动对我国国有企业固定资产投资的影响 [J]. 经贸实践, 2016 (15): 38.

[10] WU L, WANG Y, LIN B X, et al. Local tax rebates, corporate tax burdens, and firm migration: evidence from China [J]. Journal of accounting & public policy, 2007, 26 (5): 555-583.

[11] 冯发贵, 李隋. 产业政策实施过程中财政补贴与税收优惠的作用与效果 [J]. 税务研究, 2017 (5): 51-58.

[12] 周海涛, 张振刚. 政府研发资助方式对企业创新投入与创新绩效的影响研究 [J]. 管理学报, 2015 (12): 1797-1804.

[13] 崔静静, 程郁. 基于创新价值链视角的企业创新绩效评估 [J]. 软科学, 2015, 29 (11): 1-5, 10.

[14] 徐利飞, 张心灵. 政府补助对企业绩效的影响：以獐子岛公司为例 [J]. 财会通信, 2017 (23): 95-100, 129.

[15] ARROW K J. The economic implications of learning by doing [M] // Readings in the theory of growth. London: Palgrave Macmillan, 1971: 155 – 173.

[16] CZARNITZKI D, HUSSINGER K. The link between R&D subsidies, R&D spending and technological performance [EB/OL]. [2019 – 05 – 12]. http: //hdl. handle. net/10419/24065.

[17] 刘磊, 李海燕, 庞遥遥. 企业技术创新与政府补贴行为间关系的实证研究: 基于创业板上市公司的经验证据 [J]. 技术经济, 2013, 32 (12): 21 – 24, 110.

[18] 孙维章, 干胜道. IT 行业中政府补助对研发与业绩的影响机制研究 [J]. 经济问题, 2014 (3): 83 – 88.

[19] 张彩江, 陈璐. 政府对企业创新的补助是越多越好吗? [J]. 科学学与科学技术管理, 2016, 37 (11): 11 – 19.

[20] 李万福, 杜静, 张怀. 创新补助究竟有没有激励企业创新自主投资: 来自中国上市公司的新证据 [J]. 金融研究, 2017 (10): 130 – 145.

[21] 严焰, 池仁勇. R&D 投入、技术获取模式与企业创新绩效: 基于浙江省高技术企业的实证 [J]. 科研管理, 2013, 34 (5): 48 – 55.

[22] 马文聪, 侯羽, 朱桂龙. 研发投入和人员激励对创新绩效的影响机制: 基于新兴产业和传统产业的比较研究 [J]. 科学学与科学技术管理, 2013, 34 (3): 58 – 68.

[23] YANG YI, LI SHUNCAI, ZHAO FUMIN. Study on the impact of government subsidies on innovation performance [C]. International association for management of technology (IAMOT) 2016 conference, 2016: 1012 – 1022.

[24] 张新, 任强. 我国企业创新财税政策效应研究: 基于 3SLS 方法 [J]. 中央财经大学学报, 2013 (8): 1 – 5, 11.

[25] XU E, XU K. A multilevel analysis of the effect of taxation incentives on innovation performance [J]. IEEE transactions on engineering management, 2013, 60 (1): 137 – 147.

[26] HINES J R. Investment ramifications of distortionary tax subsidies [Z]. Nber working papers, 1998.

[27] 李维安, 李浩波, 李慧聪. 创新激励还是税盾? 高新技术企业税收优惠研究 [J]. 科研管理, 2016 (11): 61 – 70.

[28] 郑春美, 李佩. 政府补助与税收优惠对企业创新绩效的影响: 基于创业板高新技术企业的实证研究 [J]. 科技进步与对策, 2015, 32 (16): 83 – 87.

[29] 蒋选, 刘皇, 李秀婷. 创新系统视角下创新政策效应研究: 基于中国省级面板数据的分析 [J]. 经济理论与经济管理, 2015 (2): 40 – 50.

[30] LEE J W. Government interventions and productivity growth [J]. Journal of economic growth, 1996 (9): 291 – 414.

[31] 陈影. 政府扶持、高新技术与企业绩效: 高新技术上市公司证据 [J]. 财会月刊, 2016 (15): 57 – 62.

[32] ZHANG H, LI L, ZHOU D, et al. Political connections, government subsidies and firm financial performance: evidence from renewable energy manufacturing in China [J]. Renewable energy, 2014, 63 (1): 330-336.

[33] 章新蓉, 梁正伟, 陈煦江. 政府补助时序模式抉择: 高新技术行业政府补助、R&D 投资与绩效的中介效应 [J]. 科技进步与对策, 2016, 33 (11): 42-47.

[34] 崔宝玉, 刘学. 政府财税扶持、企业异质性与经营绩效: 来自 482 家国家级农业龙头企业的经验证据 [J]. 经济管理, 2014, 36 (10): 11-23.

[35] 高松, 庄晖, 叶青. 上海市科技型中小企业不同生命周期阶段的政府资助效用研究 [J]. 科技进步与对策, 2012 (16): 92-97.

[36] 王一舒, 苏海军, 董海峰. 吸收能力、生命周期及研发财税支持绩效关系研究 [J]. 统计与决策, 2016 (14): 105-108.

[37] 周海涛, 张振刚. 政府科技经费对企业创新决策行为的引导效应研究: 基于广东高新技术企业微观面板数据 [J]. 中国软科学, 2016 (6): 110-120.

[38] 管永昊, 杨奕, 张创. 促进企业创新的税收优惠政策研究 [J]. 青海社会科学, 2016 (6): 98-103, 118.

[39] 周霞. 我国上市公司的政府补助绩效评价: 基于企业生命周期的视角 [J]. 当代财经, 2014 (2): 40-49.

[40] 熊彼特. 经济发展理论 [M]. 北京: 华夏出版社, 2015.

[41] 彭靖里, 邓艺, 李建平. 国内外技术创新理论研究的进展及其发展趋势 [J]. 科技与经济, 2006 (4): 13-16.

[42] DOSI G. Sources, procedures, and microeconomic effects of innovation [J]. Journal of economic literature, 1988, 26 (3): 1120-1171.

[43] 朱永明, 赵程程, 赵健, 等. 政府补助对企业自主创新的影响研究: 基于企业生命周期视角 [J]. 工业技术经济, 2018, 37 (11): 27-34.

[44] F. M. 谢勒. 技术创新: 经济增长的原动力 [M]. 姚贤涛, 王倩, 译. 北京: 新华出版社, 2001.

[45] 晏玉龙, 王瑞灿. 信号传递与信贷市场信用机制研究 [J]. 商业经济研究, 2015 (20): 95-96.

[46] FAMA E F. Efficient capital market: a review of theory and work [J]. Journal of finance, 1970, 25 (2): 383-417.

[47] 廖雅, 樊一阳, 席怡. 技术创新管理中的信息不对称分析 [J]. 科技管理研究, 2010, 30 (24): 4-6.

[48] 胡国全, 蔡红英. 权变理论在企业管理中的应用研究 [J]. 国防技术基础, 2016 (3): 3-5.

[49] 李晓莉, 于渤. 技术创新战略与技术创新能力的交互对后发企业技术跨越的影

响［J］.技术经济,2018,37(4):1-11.

[50] ADIZES I. Organizational passages diagnosing and treating lifecycle problems of organizations［J］. Organizational dynamics,1979,8(1):3-25.

[51] HAIRE. Biological models and empirical history of the growth of organizations: modem organizational theory［M］. New York: John Wiley and Sons,1959.

[52] GREINER L E. Evolution and revolution as organizations grow［J］. Harvard business review,1998,76(3):55.

[53] KIMBERLY J,EVAOISKO M. Organizational innovation: the influence of individual organisational and contextual factors on hospital adoption of technological and administrative innovations［J］. Academy of manangement journal,1981,24(4):689-713.

[54] 王汀汀,李赫美.企业生命周期视角下盈余管理的动态研究［J］.中央财经大学学报,2018(1):42-52.

[55] 邢以群,昊韵儿.基于企业不同发展阶段的组织结构状态演化规律研究［J］.管理案例研究与评论,2012,5(1):1-16.

[56] 王寅,张英华,杨德森,等.基于生命周期的企业双元性创新机制研究:以天津制造业为例［J］.华东经济管理,2014(5):164-170.

[57] KATILA R,AHUJA G. Something old,something new: a longitudinal study of search behavior and new product introduction［J］. Academy of management journal,2002,45(6):1183-1194.

[58] 胡华夏,洪垭,肖露璐,等.税收优惠与研发投入:产权性质调节与成本粘性的中介作用［J］.科研管理,2017,38(6):135-143.

[59] 国家税务总局."大众创业 万众创新"税收优惠政策指引［EB/OL］.［2019-06-19］. http://www.chinatax.gov.cn/n810341/n810755/c2576894/content.html.

[60] 科技部.国家高新区创新发展统计分析［EB/OL］.(2017-08-03)［2019-05-13］. http://stdaily.com/index/h1t8/2017-08/03/content_564541.shtml.

[61] MURPHY G B,TRAILER J W,HILL R C. Measuring performance in entrepreneurship research［J］. Journal of business research,1996,36(1):15-23.

[62] 财政部统计评价司.企业效绩评价问答［M］.北京:经济科学出版社,2001.

[63] CHIESA V,COUGHLAN P. Development of a technical innovation audit［J］. An international publication of the product development & association,1996,13(2):105-136.

[64] 高建,汪剑飞,魏平.企业技术创新绩效指标:现状、问题和新概念模型［J］.科研管理,2004,25(s1):14-22.

[65] GONZALEZ X,PAZO C. Do public subsidies stimulate private R&D spending?［J］. Research policy,2008,37(3):371-389.

[66] 傅利平,李小静.政府补贴在企业创新过程的信号传递效应分析:基于战略性新兴产

业上市公司面板数据 [J]. 系统工程, 2014, 32 (11): 50-58.

[67] LACH S. Do R&D subsidies stimulate or displace private R&D? evidence from Israel [J]. The journal of industrial economics, 2002, 50 (4): 369-390.

[68] BERGSTRÖM F. Capital subsidies and the performance of firms [J]. Small business economics, 2000, 14 (3): 183-193.

[69] 陈维, 吴世农, 黄飘飘. 政治关联、政府扶持与公司业绩: 基于中国上市公司的实证研究 [J]. 经济学家, 2015 (9): 48-58.

[70] ROCCA M L, ROCCA T L, CARIOLA A. Capital structure decisions during a firm's life cycle [J]. Small business economics, 2011, 37 (1): 107-130.

[71] HUNTLEY SCHALLER. Asymmetric information, liquidity constraints, and canadian investment [J]. Canadian journal of economics, 1993, 26 (3): 552-574.

[72] JAWAHAR I, MCLAUGHLIN G. Toward a descriptive stakeholder theory: an organizational life cycle approach [J]. Academy of management review, 2001, 26 (3): 397-414.

[73] 李健, 杨蓓蓓, 潘镇. 政府补助、股权集中度与企业创新可持续性 [J]. 中国软科学, 2016 (6): 180-192.

[74] 黄宏斌, 翟淑萍, 陈静楠. 企业生命周期、融资方式与融资约束: 基于投资者情绪调节效应的研究 [J]. 金融研究, 2016 (7): 96-112.

[75] 王士伟. 中小型科技创新企业生命周期各阶段的特征及融资政策分析 [J]. 科技进步与对策, 2011 (10): 88-91.

[76] FELDMAN M P, KELLEY M R. The exante, assessment of knowledge spillovers: government R&D policy, economic incentives and private firm behavior [J]. Research policy, 2006, 35 (10): 1509-1521.

[77] 王一舒, 杨晶, 王卫星. 高新技术企业税收优惠政策实施效应及影响因素研究 [J]. 兰州大学学报 (社会科学版), 2013 (6): 120-126.

[78] 李浩研, 崔景华. 税收优惠和直接补贴的协调模式对创新的驱动效应 [J]. 税务研究, 2014 (3): 85-89.

[79] BUSOM I. Tax incentives or subsidies for R&D? [J]. Unumerit working paper series, 2012, 9 (1): 137-152.

[80] 于洪彦. 双维度市场导向、创新与绩效: 基于高科技企业的视角 [J]. 税务与经济, 2013 (1): 1-8.

[81] 李云鹤, 李湛, 唐松莲. 企业生命周期、公司治理与公司资本配置效率 [J]. 南开管理评论, 2011, 14 (3): 110-121.

[82] 曹崇延, 任杰, 符永健. 企业生命周期与非效率投资: 基于中国制造业上市公司面板数据的实证研究 [J]. 上海经济研究, 2013, 245 (7): 91-101.

[83] 杜军, 王皓妍. 税收优惠政策促进高新技术企业发展的实证研究: 以江苏省常州市为

例［J］. 税务研究, 2013（3）: 64 - 68.

［84］李亚波. 战略性新兴产业企业生命周期不同阶段金融支持研究［J］. 工业技术经济, 2018, 37（5）: 3 - 10.

［85］王兰. 我国批发零售业上市企业性质对绩效的影响分析［J］. 商业经济研究, 2018（3）: 130 - 132.

［86］王亚萍, 冒乔玲. 内部控制对 R&D 投入与企业绩效关系的调节效应研究: 基于深交所高新技术企业的经验数据［J］. 科技管理研究, 2017, 37（22）: 141 - 148.

［87］冯梓洋, 张显峰, 唐亮. 创业板公司自主创新与企业绩效、股价波动的关联分析［J］. 证券市场导报, 2014（3）: 41 - 45.

［88］张玉娟, 汤湘希. 无形资产的内核: 创新资产的概念界定与分类研究［J］. 会计与经济研究, 2017, 31（2）: 62 - 77.

［89］熊和平, 杨伊君, 周靓. 政府补助对不同生命周期企业 R&D 的影响［J］. 科学学与科学技术管理, 2016, 37（9）: 3 - 15.

［90］BENS D, NAGAR V, WONG M H F. Real investment implications of employee stock option exercises［J］. Journal of accounting research, 2002, 40（2）: 359 - 393.

［91］DEANGELO H, DEANGLO L, STULZ R. Dividend policy and the earned/contributed capital mix: a test of the life - cycle theory［J］. Journal of financial economics, 2006, 81（2）: 227 - 254.

［92］任佩瑜, 余伟萍, 杨安华. 基于管理熵的中国上市公司生命周期与能力策略研究［J］. 中国工业经济, 2004（10）: 76 - 82.

［93］曹裕, 陈晓红, 王傅强. 我国上市公司生命周期划分方法实证比较研究［J］. 系统管理学报, 2010, 19（3）: 313 - 322.

［94］王旭. 企业生命周期、债权人动态治理与代理成本［J］. 重庆大学学报（社会科学版）, 2013（5）: 79 - 85.

［95］张子余, 袁澍蕾. 生命周期视角下董监高治理机制与企业技术创新［J］. 软科学, 2017, 31（6）: 96 - 99.

［96］周建, 吕星赢, 杜蕊, 等. 企业生命周期、女性董事人力资本与公司绩效［J］. 预测, 2017（4）: 1 - 8.

［97］齐秀辉, 卢悦, 武志勇. 股权特征对机构投资者与创新投入的调节作用［J］. 科技进步与对策, 2018, 35（5）: 14 - 20.

［98］谢佩洪, 汪春霞. 管理层权力、企业生命周期与投资效率: 基于中国制造业上市公司的经验研究［J］. 南开管理评论, 2017, 20（1）: 57 - 66.

［99］朱斌, 李路路. 政府补助与民营企业研发投入［J］. 社会, 2014, 34（4）: 165 - 186.

［100］白俊红. 中国的政府 R&D 资助有效吗? 来自大中型工业企业的经验证据［J］. 经济

学，2011，10（4）：1375-1400.

[101] 罗琼. 基于企业生命周期的开放式创新能力与创新绩效关系研究［J］. 财经理论与实践，2016，37（6）：119-124.

[102] 吴营. 经济转型中政府补助的产权性质与行业研究［J］. 现代营销（经营版），2018，309（9）：60-61.

[103] 薛薇，李艳艳. 我国研发费用加计扣除政策的改进方向［J］. 中国科技论坛，2010（8）：10-14.

[104] 张俊瑞，陈怡欣，汪方军. 所得税优惠政策对企业创新效率影响评价研究［J］. 科研管理，2016，37（3）：95-102.

[105] 陈红，张玉，刘东霞. 政府补助、税收优惠与企业创新绩效：不同生命周期阶段的实证研究［J］. 南开管理评论，2019，22（3）：187-200.

[106] 马玉琪，扈瑞鹏，赵彦云. 财税激励政策对高新技术企业研发投入影响效应分析：基于广义倾向得分法的实证研究［J］. 中国科技论坛，2017（2）：143-149.

[107] BENNER M J, TUSHMAN M L. Exploitation, exploration, and process management: the productivity dilemma revisited［J］. Academy of management review, 2003, 28（2）: 238-256.

[108] YU F. Government R & D subsidies, political relations and technological SMEs innovation transformation［J］. iBusiness, 2013, 5（3）: 104-109.

[109] BECK M, LOPES-BENTO C, SCHENKERWICKI A. Radical or incremental: where does R&D policy hit?［J］. Research policy, 2016, 45（4）: 869-883.

[110] 曾萍，刘洋，吴小节. 政府支持对企业技术创新的影响：基于资源基础观与制度基础观的整合视角［J］. 经济管理，2016（2）：14-25.

[111] 邱国斌，车逸清，梁小清. 不同行业视角下政府补贴对企业绩效的影响：以江西省为例［J］. 景德镇学院学报，2018（4）：101-108.

[112] 李子珺. 不同行业政府补贴对于企业创新绩效的影响效应研究：对行业面板数据的实证分析［J］. 中国商论，2017（14）：164-166.

[113] 景曼诗，尹夏楠. 政府补贴、研发投入对企业绩效的影响：基于不同行业视角［J］. 财会研究，2018，507（9）：63-67.

[114] 林学梅. 政府补贴方式、融资约束与企业创新：基于节能环保行业上市公司的实证分析［J］. 特区经济，2019，360（1）：58-61.

[115] 胡宜挺，梁丹霞. 公司治理、政府补助与企业绩效［J］. 财会通讯，2017（33）：72-75.

[116] 李汇东，唐跃军，左晶晶. 用自己的钱还是用别人的钱创新？：基于中国上市公司融资结构与公司创新的研究［J］. 金融研究，2013（2）：170-183.

[117] 李爱玲，王振山. 政府研发资助能否帮助企业获得外部融资［J］. 中国科技论坛，2015（12）：115-119.

[118] NOLA HEWITT – DUNDAS, STEPHEN ROPER. Output additionality of public support for innovation: evidence for irish manufacturing plants [J]. European planning studies, 2010, 18（1）: 107 – 122.

[119] 翁智刚, 唐元懋, 张平. 渠道创新绩效传递及动态机制研究: 基于中国上市银行2007—2013年面板数据 [J]. 南开管理评论, 2015（5）: 110 – 121.

[120] MARCH J G. Exploration and exploitation in organizational learning [J]. Organization science, 1991, 2（1）: 71 – 87.

[121] BENNER M J, TUSHMAN M. Process management and technological innovation: a longitudinal study of the photography and paint industries [J]. Administrative science quarterly, 2002, 47（47）: 676 – 707.

[122] CHARLES A O'REILLY, TUSHMAN, M L. The ambidextrous organization [J]. Harvard business review, 2004, 82（4）: 74 – 81.

[123] 王俊. 我国政府 R&D 税收优惠强度的测算及影响效应检验 [J]. 科研管理, 2011（9）: 157 – 164.

[124] BUSOM I, CORCHUELO B, MARTINEZ – ROS E. Tax incentives... or subsidies for business R&D? [J]. Small Business Economics, 2014, 43（3）: 571 – 596.

[125] 杜军, 王皓妍. 税收优惠政策促进高新技术企业发展的实证研究: 以江苏省常州市为例 [J]. 税务研究, 2013（3）: 64 – 68.

[126] JANSEN J J P, BOSCH F A J V D, VOLBERDA H W. Exploratory Innovation, exploitative innovation, and performance: effects of organizational antecedents and environmental moderators [J]. Management science, 2006, 52（11）: 1661 – 1674.

[127] 孙早, 宋炜. 企业 R&D 投入对产业创新绩效的影响: 来自中国制造业的经验证据 [J]. 数量经济技术经济研究, 2012（4）: 49 – 63, 122.

[128] 李培楠, 赵兰香, 万劲波. 创新要素对产业创新绩效的影响: 基于中国制造业和高技术产业数据的实证分析 [J]. 科学学研究, 2014, 32（4）: 604 – 612.

[129] POORKAVOOS M, DUAN Y, EDWARDS J S, et al. Identifying the configurational paths to innovation in SMEs: a fuzzy – set qualitative comparative analysis [J]. Journal of business research, 2016, 69（12）: 5843 – 5854.

[130] 张峰, 王睿. 政府管制与双元创新 [J]. 科学学研究, 2016, 34（6）: 938 – 950.

[131] 徐露允, 曾德明, 李健. 知识网络中心势、知识多元化对企业二元式创新绩效的影响 [J]. 管理学报, 2017（2）: 221 – 228.

[132] 杨雪, 顾新, 王元地. 外部技术搜寻平衡对企业绩效影响的实证研究: 企业规模的调节作用 [J]. 科学学与科学技术管理, 2017, 38（7）: 62 – 72.

[133] OLAF ARNDT, ROLF STERNBERG. Do manufacturing firms profit from intraregional innovation linkages? an empirical based answer [J]. European planning studies, 2000, 8（4）:

465-485.

[134] EVANGELISTA R. Innovation in the European service industries [J]. Science and public policy, 2006, 33 (9): 653-668.

[135] FORFÁS I. Services innovation in Ireland - options for innovation policy [M] // Float glass innovation in the flat glass industry. Berlin: Springer International Publishing, 2006.

[136] 李建英, 陈平, 李婷婷. 我国制造业上市公司所得税税负影响因素分析 [J]. 税务研究, 2015 (12): 41-44.

[137] 周芳, 赵彦云. 基于 CDM 模型的信息服务业与制造业创新过程比较 [J]. 统计研究, 2014 (8): 24-30.

[138] 曾世宏, 向国成. 技术型服务业高获利能力: 市场势力还是创新红利: 兼论结构性减税和协同创新对技术型服务业创新的作用 [J]. 财贸经济, 2013 (10): 118-126.

[139] 韩霞, 潘秋佳. 推动服务业自主创新的税收政策探讨 [J]. 税务研究, 2011 (12): 78-81.

[140] DAVIES A, BRADY T. Organisational capabilities and learning in complex product systems: towards repeatable solutions [J]. Research policy, 2000, 29 (7): 931-953.

[141] 杨志刚, 吴贵生. 复杂产品技术能力成长的路径依赖: 以我国通信设备制造业为例 [J]. 科研管理, 2003, 24 (6): 13-20.

[142] 陈爱贞. 下游技术标准受控对装备制造业自主创新的捆绑约束: 基于中国通信设备制造业分析 [J]. 经济管理, 2012 (4): 29-38.

[143] 刘晖, 刘轶芳, 乔晗, 等. 我国战略性新兴产业创新驱动发展路径研究: 基于北京市生物医药行业的经验总结 [J]. 管理评论, 2014, 26 (12): 20-28.

[144] 任声策. 中国通信设备与制药产业创新系统比较研究 [J]. 科研管理, 2013, 34 (4): 34-42.

[145] PRENTIS R A, LIS Y, WALKER S R. Pharmaceutical innovation by the seven UK - owned pharmaceutical companies (1964—1985) [J]. British journal of clinical pharmacology, 1988, 25 (3): 387-396.

[146] HUSSINGER K. R&D and subsidies at the firm level: an application of parametric and semi parametric two - step selection models [J]. Journal of applied econometrics, 2008, 23 (6): 729-747.

[147] ESPOSTI R. The impact of public R&D and extension expenditure on Italian agriculture: an application of a mixed parametric - nonparametric approach [J]. European review of agricultural economics, 2000, 27 (3): 365-384.

[148] 陈钊, 熊瑞祥. 比较优势与产业政策效果: 来自出口加工区准实验的证据 [J]. 管理世界, 2015 (8): 67-80.

[149] 贾天明, 雷良海. 企业技术创新系统功能建模与协同演化动态机制 [J]. 中国科技

论坛,2016(7):79-85.

[150] 刘奕,夏杰长,李垚.生产性服务业集聚与制造业升级[J].中国工业经济,2017(7):24-42.

[151] LIN C P, BHATTACHERJEE A. Elucidating individual intention to use interactive information technologies: the role of network externalities[J]. International journal of electronic commerce, 2008, 13(1): 85-108.

[152] 尚玉钒,徐珺,赵新宇,等. Web2.0情境下基于调节焦点理论的高校科研团队知识隐藏研究[J].科学学与科学技术管理,2016,37(11):83-94.

[153] SHAW B, SCHEUFELE D A, CATALANO S. The role of presence awareness in organization-nnal communication: an exploratory field experiment[J]. Behaviour & information technology, 2007, 26(5): 377-384.

[154] RADICATI TEAM. Instant messaging statistics report 2019—2023 executive summary[EB/OL]. [2019-02-11]. https://www.radicati.com/?p=15784.

[155] 中国互联网络信息中心. 第43次《中国互联网络发展状况统计报告》[EB/OL]. [2019-02-28]. http://www.cnnic.cn/hlwfzyj/hlwxzbg/.

[156] MAINA T M. Instant messaging an effective way of communication in workplace[D]. Kenya: Murang'a University College, 2014.

[157] 李梦溪.组织沟通对企业员工绩效的影响[J].中国商论,2017(15):90-91.

[158] SHEER V C, RICE R E. Mobile instant messaging use and social capital: direct and indirect associations with employee outcomes[J]. Information & management, 2017, 54: 90-102.

[159] 梅红.人力资源管理中的组织沟通满意感研究[J].科技管理研究,2007,27(7):117-119.

[160] GLASS R, LI S. Social influence and instant messaging adoption[J]. Data processor for better business education, 2010, 51(2): 24-30.

[161] GAN C. An empirical analysis of factors influencing continuance intention of mobile instant messaging in China[J]. Information development, 2016, 32(4): 1109-1119.

[162] ZHOU T, LI H, LIU Y. Understanding mobile IM continuance usage from the perspectives of network externality and switching costs[J]. International journal of mobile communications, 2015, 13(2): 188-203.

[163] TSENG F C, CHENG T C E, LI K, et al. How does media richness contribute to customer loyalty to mobile instant messaging?[J]. Internet research, 2017, 27(3): 520-537.

[164] GAO L, WAECHTER K A. Examining the role of initial trust in user adoption of mobile payment services: an empirical investigation[J]. Information systems frontiers, 2017, 19(3): 525-548.

[165] OGHUMA A P, LIBAQUE-SAENZ C F, WONG S F, et al. An expectation-confirma-

tion model of continuance intention to use mobile instant messaging [J]. Telematics & informatic, 2016, 33 (1): 34 – 47.

[166] SUN Y, SHANG R A. The interplay between user's intraorganizational social media use and social capital [J]. Computers in human behavior, 2014, 37: 334 – 341.

[167] 黄江文. 干扰还是交互？即时通讯工具使用对感知工作负荷的影响 [D]. 广州：暨南大学，2015.

[168] 王玮，宋宝香. 干扰还是交互？工作场所即时通讯工具使用对感知工作负荷的影响：多重任务趋向的调节作用 [J]. 暨南学报（哲学社会科学版），2017，39（1）：84 – 95，131.

[169] 尤薇佳，李红，刘鲁. 突发事件Web信息传播渠道信任比较研究 [J]. 管理科学学报，2014，17（2）：19 – 33.

[170] 张亚莉，范小利，杨朝君. 即时通讯工具和E – mail使用对项目满意度的影响：利益相关者关系的调节作用 [J]. 现代情报，2015，35（10）：38 – 44.

[171] QUAN HAASE, COTHREL J, WELLMAN B. Instant messaging for collaboration: a case study of a high – tech firm [J]. Journal of computer – mediated communication, 2005, 10 (4): 1.

[172] GAN C, LI H. Understanding continuance intention of mobile instant messaging: motivators and inhibitors [J]. Industrial management & data systems, 2015, 115 (4): 646 – 660.

[173] 赵英. 交际生态框架下社交媒体对企业知识管理能力的影响研究 [D]. 成都：西南交通大学，2015.

[174] 包国宪，李文强. 虚拟企业的沟通分析模型 [J]. 兰州大学学报（社会科学版），2005，33（2）：68 – 71.

[175] 孙玥. 网络组织成员间的沟通机制与知识整合关系实证研究 [D]. 天津：天津财经大学，2010.

[176] SMIDTS A, RIEL C B M V, PRUYN A T H. The impact of employee communication and perceived external prestige on organizational identification [J]. Academy of management journal, 2001, 44 (5): 1051 – 1062.

[177] 史江涛. 沟通对知识共享的促进机制研究 [J]. 情报科学，2012（1）：132 – 136.

[178] SONG S H, OLSHFSKI D. Friends at work: a comparative study of work attitudes in Seoul city government and New Jersey state government [J]. Administration & society, 2008, 40 (2): 147 – 169.

[179] HOWELL J M, NEUFELD D J, AVOLIO B J. Examining the relationship of leadership and physical distance with business unit performance [J]. Leadership quarterly, 2005, 16 (2): 273 – 285.

[180] LEE J, KIM S. Exploring the role of social networks in affective organizational commitment: network centrality, strength of ties, and structural holes [J]. The American review of public adminis-

tration,2011,41(2):205-223.

[181] 吴婷,张正堂.组织中关系性协调的研究述评与展望[J].软科学,2016,30(9):62-65.

[182] 林南,俞弘强.社会网络与地位获得[J].马克思主义与现实,2003(2):46-59.

[183] 汪轶,谢荷锋,王凯,等.论知识分享的七大研究视角[J].重庆大学学报(社会科学版),2008(5):48-53.

[184] 刘卓.企业社交网络使用对组织绩效的影响机制研究[D].北京:北京邮电大学,2017.

[185] LOWRY P B, ROMANO N C, JENKINS J L, et al. The CMC interactivity model: how in-teractivity enhances communication quality and process satisfaction in lean-media groups[J]. Journal of management information systems,2009,26(1):155-195.

[186] HARGIE O, TOURISH D, WILSON N. Communication audits and the effects of increaseed information: a follow-up study[J]. Journal of business communication,2002,39(4):414-436.

[187] 曾伏娥,郑彤,詹志方.权变视角下沟通类型和企业间交互环境对组织绩效的影响研究[J].管理学报,2018,15(10):1003-1010.

[188] 阮平南,荣鸿悦,栾梦雪,等.基于组织与团队特征的图书选题决策研究:团队沟通的中介作用[J].北京联合大学学报(人文社会科学版),2019,17(1):55-62.

[189] GURTNER A, TSCHAN F, SEMMER N, et al. Getting groups to develop good strategies: effects of reflexivity interventions on team process, team performance, and shared mental models[J]. Organizational behavior & human decision processes,2007,102(2):127-142.

[190] 束义明,郝振省.高管团队沟通对决策绩效的影响:环境动态性的调节作用[J].科学学与科学技术管理,2015,36(4):170-180.

[191] 李永周,易倩,阳静宁.积极沟通氛围、组织认同对新生代员工关系绩效的影响研究[J].中国人力资源开发,2016(23):23-31.

[192] CAMERON A F, WEBSTER J. Unintended consequences of emerging communication technologies: instant messaging in the workplace[J]. Computers in human behavior,2005,21(1):85-103.

[193] 魏昕,张志学.组织中为什么缺乏抑制性进言?[J].管理世界,2010(10):99-109.

[194] 陆云龙.网络组织行为影响网络组织绩效的实证研究[J].西南民族大学学报(人文社科版),2015,36(6):133-136.

[195] 张莉,林与川,迟冬梅.组织沟通方式对沟通满意度的影响:沟通认知与沟通倾向的调节作用[J].科学学与科学技术管理,2012,33(2):167-175.

[196] GRANOVETTER M S. The strength of weak ties[J]. American journal of sociology,

1973, 78 (6): 1360-1380.

[197] BURT R S. Structural holes: the social structure of competition [M]. Cambridge: Harvard University Press, 1992.

[198] PUTNAM R D. Bowling alone: the collapse and revival of American community [M]. New York: Association for Computing Machinery, 2000.

[199] KOBAYASHI T. Bridging social capital in online communities: heterogeneity and social tolerance of online game players in Japan [J]. Human communication research, 2010, 36 (4): 546-569.

[200] LIN N. Social capital: a theory of social structure and action [M]. New York: Cambridge University Press, 2001.

[201] 钱小军, 詹晓丽. 关于沟通满意度以及影响的因子分析和实证研究 [J]. 管理评论, 2005, 17 (6): 30-34.

[202] PRICE J L. Handbook of organizational measurement [J]. International journal of manpower, 1975, 18 (4): 305-558.

[203] HSIEH S H, TSENG T H. Playfulness in mobile instant messaging: examining the influence of emoticons and text messaging on social interaction [J]. Computers in human behavior, 2017, 69: 405-414.

[204] GARRETT R K, DANZIGER J N. IM = interruption management? Instant messaging and disruption in the workplace [J]. Journal of computer mediated communication, 2007, 13 (1): 23-42.

[205] GRANOVETTER M S. Economic action and social structure: the problem of embeddedness [J]. American journal of sociology, 1985, 91 (3): 481-510.

[206] SKJERVE A B, RINDANHL G. Promoting trust between members of distributed teams [C]. New York: IEEE, 2010: 1650-1658.

[207] CAROLINE H. Strong, weak, and latent ties and the impact of new media [J]. The information society, 2002, 18 (5): 385-401.

[208] 罗家德. 社会网分析讲义 [M]. 北京: 社会科学文献出版社, 2005.

[209] INGEN E V, WRIGHT K B. Predictors of mobilizing online coping versus offline coping resources after negative life events [J]. Computers in human behavior, 2016, 59: 431-439.

[210] PAZOS P, CHUNG J M, MICARI M. Instant messaging as a task-support tool in information technology organizations [J]. Journal of business communication, 2012, 50 (1): 68-86.

[211] CONSTANT D, KIESLER S B, SPROULL L S. The kindness of strangers: the usefulness of electronic weak ties for technical advice [J]. Organization science, 1996, 7 (2): 119-135.

[212] TORTORIELLO M, REAGANS R, MCEVILY B. Bridging the knowledge gap: the influence of strong ties, network cohesion, and network range on the transfer of knowledge between organiza-

tional units [J]. Organization science, 2009, 23 (4): 1024 – 1039.

[213] KIM M, FERNANDEZ R M. Strength matters: tie strength as a causal driver of networks' information benefits [J]. Social science research, 2017, 65: 268 – 281.

[214] XIN LUO, ANIL GURUNG, SHIM J P. Understanding the determinants of user acceptance of enterprise instant messaging: an empirical study [J]. Journal of organizational computing & electronic commerce, 2010, 20 (2): 155 – 181.

[215] LIANG H, FU K W. Information overload, similarity, and redundancy: unsubscribing in – formation sources on twitter [J]. Journal of computer mediated communication, 2017, 22 (1): 1 – 17.

[216] 李王芳. 企业内外部人力资本对创新绩效的作用机理 [D]. 杭州：浙江大学, 2014.

[217] VAN VLEET M, FEENEY B C. Play behavior and playfulness in adulthood [J]. Social & personality psychology compass, 2015, 9 (11): 630 – 643.

[218] CHOI N, PALMER K, HOROWITZ L. Web 2.0 use and knowledge transfer: how social media technologies can lead to organizational innovation [J]. The electronic journal of knowledge management, 2014, 12 (3): 176 – 186.

[219] HANSEN M T. The search – transfer problem: the role of weak ties in sharing knowledge across organization subunits [J]. Administrative science quarterly, 1999, 44: 82 – 111.

[220] 邵明星, 颜志军. 弱连接关系在 SNS 平台中影响作用的实证研究 [J]. 北京理工大学学报（社会科学版）, 2015, 17 (2): 84 – 89.

[221] 周蓉龄. 企业社交网络价值创造机制研究 [D]. 北京：北京邮电大学, 2015.

[222] MESMER – MAGNUS J R, DECHURCH L A, JIMENEZ – RODRIGUEZ M, et al. A meta – analytic investigation of virtuality and information sharing in teams [J]. Organizational behavior & human decision processes, 2011, 115 (2): 214 – 225.

[223] MARLOW S L, LACERENZA C N, PAOLETTI J, et al. Does team communication represent a one – size – fits – all approach?: a meta – analysis of team communication and performance [J]. Organizational behavior & human decision processes, 2017, 114: 145 – 170.

[224] TORRO O, PIRKKALAINEN H. Strengthening social ties via ICT in the organization [C]. Manoa: University of Hawaii, 2017: 5511 – 5520.

[225] 陈志强. 企业社交网络使用对团队绩效影响的实证研究 [D]. 合肥：中国科学技术大学, 2015.

[226] HAO Y, FAROOQ Q, SUN YUAN. Development of theoretical framework and measures for the role of social media in realizing corporate social responsibility through native and non – native communication modes: moderating effects of cross – cultural management [J]. Corporate social responsibility and environmental management, 2018, 25 (4): 704 – 711.

[227] OU C X J, DAVISON R M, ZHONG X, et al. Empowering employees through instant messaging [J]. Information technology & people, 2010, 23 (2): 193-211.

[228] 应洪斌, 朱薇. 企业内部信息沟通中网络媒介选择研究 [J]. 西安电子科技大学学报（社会科学版）, 2008, 18 (4): 23-29.

[229] 陈梦媛. 组织政治氛围对组织创新和组织绩效的影响及其作用机制研究 [D]. 济南: 山东大学, 2017.

[230] DAVIS F D. Perceived usefulness, perceived ease of use, and user acceptance of information technology [J]. Mis Quarterly, 1989, 13 (3): 319-340.

[231] KANKANHALLI A, TAN B C Y, WEI K K. Contributing knowledge to electronic knowledge repositories: an empirical investigation [J]. Mis Quarterly, 2005, 29 (1): 113-143.

[232] OU C X J, DAVISON R M. Interactive or interruptive? instant messaging at work [J]. Decision support systems, 2011, 52 (1): 61-72.

[233] NIELSEN I K, JEX S M, ADAMS G A. Development and validation of scores on a two-dimensional workplace friendship scale [J]. Educational & psychological measurement, 2000, 60 (4): 628-643.

[234] KERNAN M C, HANGES P J. Survivor reactions to reorganization: antecedents and consequences of procedural, interpersonal, and informational justice [J]. Journal of applied psychology, 2002, 87 (5): 916-928.

[235] 唐贵瑶, 于冰洁, 陈梦媛, 等. 基于人力资源管理强度中介作用的组织沟通与员工创新行为研究 [J]. 管理学报, 2016, 13 (1): 76.

[236] 薛晓芳, 赵毅, 王月, 等. 建筑业企业组织沟通有效性对联盟绩效的影响研究 [J]. 工程管理学报, 2012, 26 (5): 114-118.

[237] RICE R E. Task analyzability, use of new media, and effectiveness: a multisite exploration of media richness [J]. Organization science, 1992, 3 (4): 475-500.

[238] OU C, DAVISON R M, WONG L H M. Using interactive systems for knowledge sharing: the impact of individual contextual preferences in China [J]. Information & management, 2016, 53: 145-156.

[239] WONG L H M, OU C X J, DAVISON R M, et al. Web 2.0 and communication processes at work: evidence from China [J]. IEEE transactions on professional communication, 2016, 59 (3): 230-244.

[240] JANSSEN O, YPEREN N W V. Employees' goal orientations, the quality of leader-member exchange, and the outcomes of job performance and job satisfaction [J]. Academy of management journal, 2004, 47 (3): 368-384.

[241] BAGOZZI R P, YI Y. On the evaluation of structural equation models [J]. Journal of the academy of marketing science, 1988, 16 (1): 74-94.

[242] GEFEN D, STRAUB D W, BOUDREAU M C. Structural equation modeling and regression: guidelines for research practice [J]. Communications of the association for information systems, 2000, 4 (7): 1-70.

[243] FORNELL C, LARCKER D F. Evaluating structural equation models with unobservable variables and measurement error [J]. Journal of marketing research, 1981, 18 (1): 39-50.

[244] HAIR J F, BLACK W C, ANDERSON R E, et al. Multivariate data analysis [M]. London: Pearson Prentice Hall, 1989.

[245] DIAMANTOPOULOS A, SIGUAW J A. Formative versus reflective indicators in organizational measure development: a comparison and empirical illustration [J]. British journal of management, 2006, 17 (4): 263-282.

[246] 郭敏艺. 单位有效沟通的增进思路 [J]. 领导科学, 2018 (30): 11-13.

[247] 刘滨, 袁毅洁, 冯涛, 等. 一种基于移动互联网的扁平化管理平台 [J]. 河北科技大学学报, 2019, 40 (1): 86-96.